物流区位理论与实证

李国旗　著

科 学 出 版 社

北　京

内 容 简 介

物流区位作为物流企业、物流设施集聚的场所和空间位置及其与外部的空间联系和所具有的社会经济意义，是认识物流活动形成、演化和发展规律的基础。本书旨在揭示物流区位形成与演化的一般规律、物流区位类型差异及空间联系，总结物流区位理论的基本模型，探究不同空间尺度下的典型区位特征、物流空间行为与区位政策问题，丰富物流区位的理论与实证，为物流企业区位选择以及各级政府物流空间规划提供决策参考。

本书可供物流管理与工程类、交通运输类、区域经济、人文地理、城乡规划等专业本科生、研究生和相关研究人员参考使用。

审图号：GS 川（2022）139 号

图书在版编目（CIP）数据

物流区位理论与实证 / 李国旗著. —北京：科学出版社，2023.6
（2025.4 重印）

ISBN 978-7-03-074781-5

Ⅰ. ①物… Ⅱ. ①李… Ⅲ. ①物流－区位理论 Ⅳ. ①F250

中国国家版本馆 CIP 数据核字（2023）第 019588 号

责任编辑：朱小刚 / 责任校对：杨聪敏
责任印制：罗 科 / 封面设计：陈 敬

科 学 出 版 社 出版
北京东黄城根北街 16 号
邮政编码：100717
http://www.sciencep.com
成都蜀印鸿和科技有限公司印刷
科学出版社发行 各地新华书店经销
*
2023 年 6 月第 一 版 开本：B5（720 × 1000）
2025 年 4 月第二次印刷 印张：9 1/2
字数：190 000

定价：99.00 元

（如有印装质量问题，我社负责调换）

前　言

物流业作为融合多产业的复合型服务业，是支撑国民经济发展的基础性、战略性和先导性产业。物流业空间分布与资源和产业布局、交通区位等存在密切联系，具有明显的地域差异，对其流动规律、空间差异与空间组织的研究引起了学术界的持续关注。

作为世界上最大的物流服务市场，中国物流业正处于转型升级、高质量发展的关键时期，物流业对社会经济活动的影响无论是在广度还是在深度方面均较发达国家更为显著和突出。受新技术、新模式和新业态不断涌现的影响，物流活动的动态性尤为明显，呈现出多样化的物流空间景观以及显著的社会、经济和环境效应，亟待强化理论和实证研究以解释物流节点和物流企业的区位问题，丰富物流空间理论，指导物流空间规划。

本书试图回答物流区位形成与演化的一般规律、物流区位类型差异及空间联系、物流区位理论的基本模型、不同空间尺度下的典型区位特征、物流空间行为与区位决策问题，主要的内容架构为理论篇、实证篇、政策篇。

理论篇由第 1～5 章构成，旨在深入认识物流区位与物流、地理、经济等相关学科关系的基础上，提出物流区位的核心概念和研究方法；系统总结商业和服务业区位论、交通区位论、物流节点布局理论和物流集群理论，以及经济学、可持续发展理论对物流区位研究的启示；从企业和设施双重差异视角，构建多维度的物流区位类型体系，解析不同区位类型间的空间关联体系和空间级联体系；从成本和关系两方面揭示物流区位演化的动因，总结物流区位演化的他组织、自组织和混合式模式，以及在城市形成的近郊化、远郊化特征；从内因和外因两个方面，提出物流区位的三角形、菱形理论模型。

实证篇由第 6～8 章构成，旨在从全球、国家、区域和城市群等不同空间尺度，认识物流区位选择行为和空间差异，主要包含全球物流枢纽城市、典型企业构筑全球仓储体系布局特征；中国、美国、日本等国家仓储市场的发展水平和骨干企业布局特征；京津冀地区仓储空间格局的演化过程和形成机制；中国仓储型物流企业和星级仓库区位特征及扩张方式；成都物流空间演化过程和区位特征。

政策篇由第 9 章构成，旨在系统总结不同区位决策主体的区位决策行为和偏好，以及形成的城市空间行为和空间布局特征，提出城市物流区位政策目标和手段。

感谢孙文杰、段礼豪、刘定龙、朱露露、刘小钰、施宇婷、石佳、熊琪、社土么惹作、常嘉诚、杜国鹏、吴嘉奕等研究生在资料收集、文献检索和绘图方面提供的帮助与支持。

本书依托2015年获批的国家自然科学基金项目“大都市区物流企业区位选择模式及演化机理研究：以成都为案例”（41501123），并在西南交通大学研究生教材（专著）经费建设项目（项目编号：SWJTU-ZZ 2022-027）专项资助支持下完成，感谢西南交通大学研究生院、西南交通大学交通运输与物流学院各位领导在本书撰写过程中给予的支持与帮助。

由于当前国内外物流产业正处于快速发展过程，物流区位的新类型和新因素大量涌现，相关理论与实证也处于探索之中，本书提出的一些观点肯定有值得商榷之处，加之时间仓促和作者个人能力有限，书中不足之处恳请广大研究同行和前辈批评指正。本书撰写过程中参考了大量专家学者的研究成果，在参考文献中都做了注明，但仍恐有挂一漏万之处，请多加包涵。

李国旗

2023年3月于西南交通大学犀浦校区

目　　录

第1章　物流区位理论与相关学科的关系

区位论是研究经济行为的空间选择及空间内经济活动的组合理论，涉及布局和经营两个方面（张文忠，2000），作为一个典型的交叉理论，区位论是经济学和地理学的重要基础理论，横跨了经济学和地理学两大学科体系，成为公认的两门学科的主要互通桥梁（杨吾扬，1992）。物流业作为支撑国民经济发展的基础性、战略性、先导性产业，物流区位具有动态性、分异性和复杂多样性等特点，物流区位理论旨在探究物流活动空间选择行为、空间布局和演化规律与特征，为物流区域划分、物流企业选址和物流设施布局提供理论依据，促进物流业集约高效发展，推动物流业与制造业、商贸业等的深度融合发展。作为复合型产业，物流区位理论的形成与发展需要在充分考虑物流需求和物流供给、物流企业和物流节点的特征及相互作用关系的基础上，注重地理、经济、交通、管理、生态等多学科理论的融合应用。

1.1　与物流学的关系

物流学属于管理学、工学、经济学和理学等相互交叉的新兴学科，是一门兼有自然科学和社会科学多重属性的综合应用型学科（张锦，2009），物流学的研究对象是物流系统，包括原材料供应与采购、生产、销售、废弃和回收物流系统。物流学研究从原材料采购到生产、流通直至消费的供应链全过程中物的时间和空间转移的规律。从“流”的角度看，物流系统关注流体、载体、流向、流量、流程、流速和流效七大要素（何明珂，2004）。在“物的流动论”基础上，中国工程院院士徐寿波提出了“综合物流论”、“大物流科技论”、“大物流工程论”、“大物流产业论”、“物流要素论”和“物流性质论”。其中，“物流要素论”认为，自然界、社会界和经济界的物流都是由物质、流动、主体、地域和时间五个基本要素组成的，五要素中物质是核心要素（徐寿波，2007）。著名社会学家曼纽尔·卡斯特提出了流空间理论（曼纽尔·卡斯特，2009），将“流”与“网络”作为空间的基本要素，成为认识信息时代城市空间的重要理论，也体现了物流成为衡量城市空间形成、发展与演化的要素之一，是认识城市空间的重要表征指标。

从物流学的角度看，物流活动具有显著的空间流动特征，地域空间是物流活动的核心要素，深入认识和揭示物流活动的空间规律，有助于认识物流的“流动”规律。因此，物流区位理论属于物流学的核心、支柱和基础，既属于物流学的基本核心，又涉及物流学的基本原理，也构成了物流学的理论基础。

1.2　与地理学的关系

地理学（geography）是研究地理要素或者地理综合体空间分布规律、时间演化过程和区域特征的一门学科，是自然科学与人文科学的交叉，具有综合性、交叉性和区域性的特点（傅伯杰，2017）。地理学研究的对象是地理环境在空间上的变化发展规律及人类活动与地理环境（地理空间）的关系。因此，地理学的中心任务就是要研究空间上不同地域的人与自然之间的物质交换（刘艳芳等，2018），空间的本质就是区位，区位选择、形成、演化的规律与特征的认识一直是地理学研究的核心问题，形成了商业和服务业区位、交通区位等一系列经典模型和理论，推动了地理学原理与方法的发展。

在物流社会化、专业化和集群化等共同推动下，物流活动成为当前经济活动中日益受到关注和重视的对象，且物流业的效率和效益成为衡量地区经济发展水平和质量的重要标志。从学科分支的角度来看，物流地理研究最早被作为经济地理学中的重要学科分支的交通运输地理（transportation geography）的研究范畴，重点关注货流的生成、增长、分布与交流规律（张文尝等，1992），有学者提出构建货流地理学，以深入认识国际、国内、区内、区外货流形成的条件和特点，为合理组织货物运输、促进生产合理布局等提供依据（杨克忠，1995）。物流活动与商业贸易联系密切，且城市是物流需求的主要来源和物流设施布局的重点，因此物流地理研究也成为商业地理学、城市地理学研究的主题之一（阿布都伟力·买合普拉等，2012）。

在全球物流产业规模快速增长过程中，以物流园区、物流枢纽、物流总部、配送中心、转运中心等为代表的专业化物流设施快速兴起，物流网络的动态性加快，物流的新技术、新业态、新模式催生出大量全新的物流业务，突破了交通、商业地理研究范畴，迫切需要发展新的理论与方法来解释这些独特的物流景观。因此，物流地理学（logistics geography）作为一门新兴的学科开始兴起并成为研究的热点。物流地理学侧重研究物流系统在经济活动地域空间组织中的作用、物流需求的生成与演化的经济地理基础、物流基础设施网络与物流组织网络的相互作用关系，以及物流空间规划与组织。

从地理学的角度看，物流活动具有显著的地域分布特征和空间差异性，且受到地理环境的影响与制约，深入认识物流空间格局及地域差异，既有利于揭示物流需求的生成与演化规律，也能指导物流空间组织与规划。因此，物流区位理论属于物流地理学研究的基本问题和基本原理。

1.3　与经济学的关系

经济学是以经济现象为研究对象的一门实证科学，研究的是经济事物的运行机制和法则性。区位论研究的主体是经济空间，早期的经济研究更多关注的是时间而非空间对经济行为的影响。从 19 世纪末开始，经济学家对区位问题的研究不断增多，并形成了农业区位、工业区位等一系列理论。瑞典国际贸易学者贝蒂尔·奥林曾在其著作《地区间贸易和国际贸易》中指出，"区位论比国际贸易理论具有更广的研究范围，国际贸易理论不过是一般区位理论的一部分"（贝蒂尔·奥林，2001）。从区位论发展轨迹看，它始终是追随经济学的，经济学的每一次理论革命都推动了区位论的发展（张文忠，2000）。其次，区位论的发展又进一步推动了空间经济学和区域科学的形成与发展，并成为区域科学发展的基础和核心。

随着物流产业规模的壮大与市场的不断成熟，出现了物流成本分析、物流市场供需分析以及物流投资、经营与决策的经济学分析等问题，物流经济学逐步形成，其重点研究物流资源优化配置、物流市场的供给与需求、宏观物流产业的发展、物流产业组织形态演化规律和物流产业增长等问题（舒辉，2019）。

从经济学的角度看，物流系统本质上属于投入产出系统，物流设施的区位选择是物流资源优化配置的重点，影响物流市场的供求关系和运行价格；物流企业的区位选择对物流产业的组织形态演化与市场结构、市场绩效等有重要影响。通过准确认识物流区位选择的基本规律与模式，能有效提高物流系统的产出效率，减少资源浪费，提高物流市场绩效。因此，物流区位理论属于物流经济学研究的基础性、原理性问题，对推动物流经济学的发展有重要意义。

1.4　物流区位研究的核心概念

在物流区位研究过程中，围绕区位形成、演化与发展的基本脉络，重点研究物流区位位置及影响机制、动态变化过程及一般规律、区位效应及空间调控等基本问题，涉及的基本概念包括区位、区位主体、区位类型、区位行为、区位模式（形成、演化、重构）、区位共用、区位冲突、区位条件、区位因子、区位效应、区位政策、区位重构，以及空间（城市、区域、全球）、空间格局、空间结构、空间依赖、空间冲突、空间组织、尺度、空间级联体系、空间相互作用、空间效应等，上述概念的相互关系如图 1-1 所示。

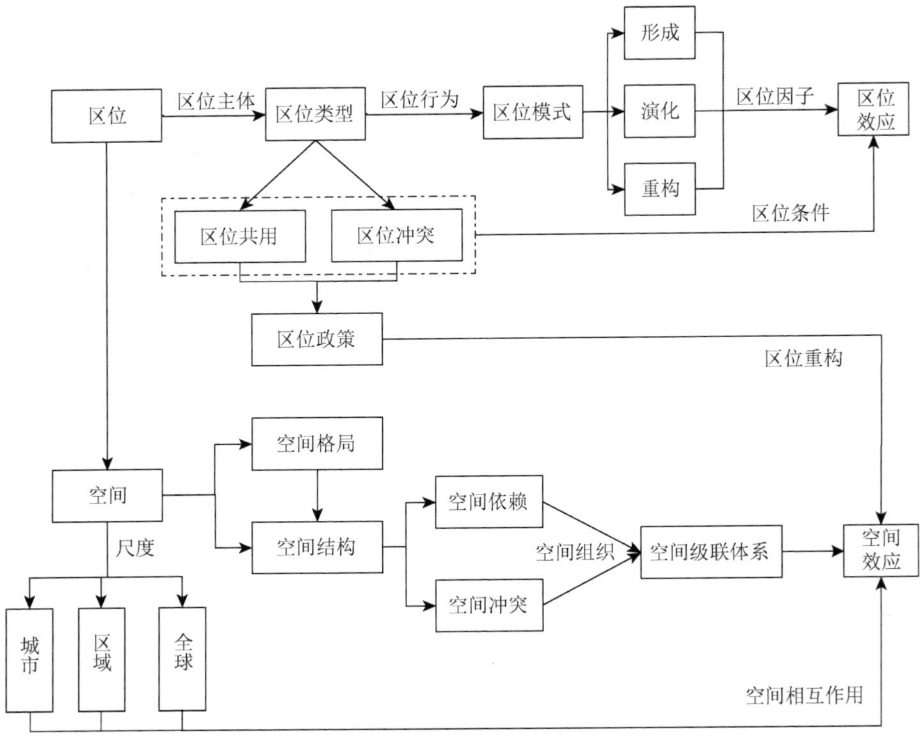

图 1-1　物流区位的核心概念和相互联系

区位概念是物流区位理论研究的基本出发点和落脚点，政府、企业以及相关利益群体等区位主体的社会活动和经济活动形成了不同的物流区位类型，并呈现出区位共用、区位冲突等特定物流景观和空间形态；在区位主体的行为博弈过程中，不同类型物流区位呈现出既有共性又有差异的区位选择模式，区位因子的类型和重要程度变化是区位形成、演化和重构的决定性因素；在区位因子和区位条件的耦合作用下，物流区位呈现出集聚效应与扩散效应、规模效应和关联效应。

物流空间是不同类型的物流区位累积的结果，并在不同尺度下形成特定的空间格局及空间结构，不同类型的物流空间结构在空间依赖和空间冲突等一系列空间建构行动及其空间关联关系中，形成典型的空间级联体系。在物流区位重构和空间的相互作用下，物流空间呈现出时空压缩效应、环境效应等。

1.5　物流区位研究的基本方法

物流区位研究主要遵循理论与实证研究、传统数据与新兴数据相结合的思路，采用基于地理信息系统（geographic information system，GIS）的物流空间实证研究、定性推理与定量演算相结合等手段，开展跨学科交叉研究。

1. 物流空间实证研究

本书重点选取京津冀城市群以及成都等城市为实证研究对象，系统收集经济、人口、产业、基础设施等基础数据，并依托大数据时代下在线地图的信息采集技术，获取物流设施和物流企业的互联网接入点（point of internet，POI）数据等信息。利用 GIS 等方法，按照类型、服务对象、经纬度坐标和道路路网等进行数据预处理，建立空间数据库，形成统一的规范框架和研究平台，便于数据的可视化以及实证对象间的可对比。

2. 定性推理与定量演算

考虑到中国国民经济行业分类、产业统计、工商注册及税目设立等方面未明确物流业类别，现有国家标准对物流设施和物流企业分类过于笼统。在国内外相关研究的基础上，需要构建符合中国物流发展实际的物流区位分类体系。对物流节点和物流企业区位选择行为的研究主要采用回归分析、累计分析、核密度计算、缓冲区分析等手段，揭示区位选择的宏观分布规律，结合定性推理总结区位选择的一般规律和模型。

3. 跨学科交叉研究

区位论涉及经济学、地理学、物流学等多个学科领域，主要将区位与空间分析方法、物流系统规划及优化方法、系统评价方法相结合，对既有共性又有差异的物流设施载体和物流组织主体开展微观与宏观相结合的区位选择行为及空间分布格局研究。

参 考 文 献

阿布都伟力·买合普拉，杨德刚，2012. 物流地理学研究进展与展望[J]. 地理科学进展，31（2）：231-238.

贝蒂尔·奥林，2001. 地区间贸易和国际贸易[M]. 王继祖译. 北京：首都经济贸易大学出版社.

傅伯杰，2017. 地理学：从知识、科学到决策[J]. 地理学报，72（11）：1923-1932.

何明珂，2004. 物流系统论[M]. 北京：高等教育出版社.

刘艳芳，等，2018. 经济地理学——原理、方法与应用[M]. 2 版. 北京：科学出版社.

曼纽尔·卡斯特，2009. 网络社会：跨文化的视角[M]. 周凯译. 北京：社会科学文献出版社.

舒辉，2019. 物流经济学[M]. 3 版. 北京：机械工业出版社.

徐寿波，2007. 大物流再论[J]. 中国流通经济，21（10）：7-10.

杨克忠，1995. 应建立一门符合时代要求的货流地理学[J]. 上海大学学报（社科版），12（1）：47-48.

杨吾扬，1992. 经济地理学空间经济学与区域科学[J]. 地理学报，47（6）：561-569.
张锦，2009. 物流规划原理与方法[M]. 成都：西南交通大学出版社.
张文尝，金凤君，荣朝和，等，1992. 空间运输联系：理论研究、实证分析、预测方法[M]. 北京：中国铁道出版社.
张文忠，2000. 经济区位论[M]. 北京：科学出版社.
张文忠，张军涛，1999. 经济学和地理学对区位论发展轨迹的影响[J]. 地理科学进展，1999，18（1）：54-59.

第2章　物流区位相关理论发展

物流活动的运行涉及农业、工业、商业等社会经济活动的主要产业，其区位选择行为复杂多样，现有交通区位、商业地理等相关理论难以在理论上完全解释物流区位选择与演化的基本规律。对物流区位选择的相关理论进行系统梳理，为物流区位理论体系的建立奠定了基础。

2.1　商业和服务业区位论

商业和服务业区位选择的经典理论包括廖什的市场区位论、帕兰德的市场区位论以及克里斯泰勒中心地理论（白光润，2009）。

廖什的市场区位论将每个企业放在大量企业存在的体系中，寻求经济区总体系统平衡，将生产区位和市场区位相结合，利润原则与产品销售范围相联系，以利润最大化原则判明企业空间配置方向。在物流企业区位选择过程中，往往以利润最大化为目标。帕兰德的市场区位论重点分析了在生产地、竞争条件、工厂费用、运费等已知的条件下，价格如何影响产品的销售范围。在物流区位选择过程中，竞争条件、运费、需求地往往是相对已知的，产品价格可认为是该设施的仓储成本及物流综合费用等。克里斯泰勒中心地理论认为，中心地的分布空间形态受市场、交通和行政因素的制约，形成了不同的中心地系统空间模式。在物流节点区位布局中，设施的规模、定位、服务功能不同，往往形成层级结构较显著的地域分布，表明城市或区域公共物流节点布局也可借鉴该理论。基于上述理论，许多学者在商业和服务业区位方面形成了各自的区位观。

在现代商业区位研究方面，白光润（2009）从商业空间竞争、空间关联、空间集聚等空间动态视角，对商业区位论与方法等进行了探讨。潘裕娟（2016）讨论了特大城市批发市场的物流空间格局及其形成机制。许海晏（2017）从外部经济需要和自身发展需求两方面分析了批发市场进行疏解升级的必要性，并以北京批发市场为例，探究了其在疏解升级过程中的物流系统优化和物流成本管理问题。Hao 等（2021）利用互联网地图服务的 POI 数据和消费者调查数据，研究了长春市商业区内零售商店的区位格局和选址的决定因素。

在现代服务业区位研究方面，张文忠（1999）从经济区位论的角度出发，研究了以企业为对象的服务业区位、具有事务所职能性质的服务业区位选择、公共服务设施的区位选择。方远平等（2008b）根据服务业的特性及分类，提出了由一般服务业区位理论和服务业行业区位理论构成的服务业区位理论研究框架，在服务业区位理论研究框架的基础上，阐述了服务业区位选择的基础理论，初步构建了服务业区位因素钻石模型。

周麟等（2016）从生产性和生活性服务业视角，分析了其空间郊区化进程中的空间集聚与扩散模式、重大交通基础设施引导下的空间经济现象，总结了区位选择的偏好以及7个服务业区位选择的主要影响因素。Serra（2016）以西班牙为研究区域，提出了产业多样性、企业集中度、区域基础设施要素和对多样性的容忍度是知识密集型服务的主要影响因素。

总体而言，商业和服务业区位选择的主要影响因素如表2-1所示。

表2-1　商业和服务业区位选择主要影响因素

类型	文献	影响因素
商业	白光润（2009）	空间竞争、空间关联以及空间集聚
	潘裕娟（2016）	自发性、政府行为、市场因素、土地资源、人口、交通条件
	许海晏（2017）	物流成本、物流系统优化
	Hao 等（2021）	消费者行为与区位选择的交互作用、零售业态、政府的规划和政策、空间集聚效应
服务业	张文忠（1999）	中心地理论、地租理论、集聚理论、公平性与效率性兼顾原则
	方远平等（2008b）	经济、空间、信息、人文
	周麟等（2016）	集聚效应、地方政策、社会分异、面对面接触、人居环境适宜度、交通网络中心性、居住人口分布
	Serra（2016）	产业多样性、企业集中度、区域基础设施要素和对多样性的容忍度

物流业在发展早期被认为是商业和服务业的一部分，有关研究主要集中在各类仓库、分销中心的选址、规模确定和规划布局等方面。作为多行业交叉融合的复合型产业，商业和服务业区位论更多体现的是作为商贸物流类企业区位选择的问题，对综合型物流企业以及基础型物流企业的区位选择问题，以及物流节点的区位选择问题涉及较少，但商业和服务业区位论研究为物流区位理论的形成与发展奠定了基础。

2.2　交通区位论

交通区位论是指交通网中高频出现的某些特定地带的集合理论（《交通大辞典》编委会，2005）。交通网是“点”和“线”的集合，“点”即交通枢纽场站，而“线”就是各种交通线路（张文忠，2000）。

2.2.1　交通枢纽场站

交通枢纽是几种运输方式或几条运输干线交会并能办理客货运输作业的各种技术设备的综合体。按运输方式可分为水运枢纽、航空枢纽、铁路枢纽、公路枢纽以及由多种运输方式形成的联运枢纽等（胡永举等，2020）。交通枢纽场站是交通枢纽的重要组成部分，也常常独立于枢纽而存在，主要起到集散、衔接和后勤维护的功能，在运输网络中起重要作用，主要类型有港口、机场、铁路、公路等。

在港口枢纽场站区位研究方面，港口作为 20 世纪之前的主要交通运输设施，其区位选择问题最先受到关注，早期的海港区位研究将海港和腹地联系起来，以总费用最小追求海港的最佳位置，将海港区位影响因子归纳为运输费用、劳动费用、港口建设投资最少和聚集效应最佳（丁琪琳等，2006）；Taaffe 等（1963）通过研究加纳和尼日利亚的港口体系，讨论了交通与人口之间的关系，联系其他相关因素提出了海港空间演化的六阶段模型；董洁霜等（2006）将区位势应用于港口体系研究中，提出了以涵盖时间支出、经济费用和风险承担三方面因素的全程广义运输成本，建立了港口区位势的数学模型。

在机场枢纽场站区位研究方面，Rodrigue（2020）较为系统地论述了交通运输区位的典型特征、影响因素和演化规律等，讨论了机场区位布局受到空间、地形、人口和商业经济等方面的影响。姚士谋等（2006）以广州新白云国际机场为例，对国际空港的区位选择进行了尝试性探索，提出了经济、人口、地区发展潜力以及城市布局等因素影响着机场布局。莫辉辉等（2010）在中心地理论及其分析方法的基础上，对中国航空网络的等级结构进行了分析，提出了具有探索性意义的系统中心性分析法。

在铁路枢纽场站区位研究方面，张文尝（2002）在《交通经济带》一书中提出了铁路客货运站区位受自然限制较少，而与地区经济发展水平、土地价格和腹地交通便利程度的关系更大。滕宇蛟等（2019）在对“东非共同体”国家的铁路网规划研究中，以中心城市、资源、场站分布和规模为原则，开展了区域内 27 个交通区位节点的重要度划分。

在公路枢纽场站区位研究方面，管国栋（1999）从协调性、经济性、环境负影响性三个维度构建了 16 个指标体系，开展了公路主枢纽货运场站布局方案选择。陈焕江（2001）根据城市总体布局与道路交通规划、环境污染、土地资源、发展弹性等因素，生成公路客运站备选站址，以最小综合费用为目标建立了客运站布局和选址模型。

总体而言，不同交通枢纽场站区位选择主要影响因素如表 2-2 所示。

表 2-2　不同交通枢纽场站区位选择主要影响因素

类型	文献	影响因素
港口	丁琪琳等（2006）	运输费用、劳动费用、港口建设投资、聚集效应
	Taaffe 等（1963）	人口、自然环境、铁路竞争、中间环境、商业化、运输成本
机场	Rodrigue（2020）	空间、地形、人口、商业经济
	姚士谋等（2006）	经济、人口、地区发展潜力、城市布局
铁路	张文尝（2002）	地区经济发展水平、土地价格、腹地交通便利程度
	滕宇蛟等（2019）	中心城市、资源、场站分布和规模
公路	管国栋（1999）	地质条件、城市交通规划与货运规划、土地与资金、环境污染、
	陈焕江（2001）	城市总体布局与道路交通规划、环境污染、土地资源、发展弹性、综合费用

2.2.2　运输通道与交通走廊

运输通道是连接不同区域重要和便捷的一种或多种运输干线的组合（张文尝，2002）。交通走廊是由多种运输设施组成的交通设施密集地带。运输通道理论出现于20世纪60年代，是交通运输产业发展到综合运输阶段的必然产物（张文尝，2001）。

美国经济学者胡佛（Hoover）在出版的《区位理论与制鞋、制革工业》以及《经济活动的区位中》对运费的结构分析进行了深入分析，提出了运输费用与距离的变化的基本规律，运输方式选择的基本要求（Hoover，1937；Hoover，1948）。廖什在交通线路区位的研究中，认为交通提供者追求的是运输费用与建设费用最少。赫德尔认为其追求的是最大利润，除运输费用与建设费用之外，运输量也是影响利润的重要因素（丁琪琳等，2006）。

王元庆等（2004）归纳了当前中国运输通道在功能、衔接等方面的不足，并立足于运输通道是否位于时间、距离或费用的最短路径以及通道经过地区的主要资源与经济分布之上，进行了通道布局研究。魏瑶等（2019）采用交通区位线-节点重要度联合的布局调整方法，对研究区域地形表面进行了三维模拟，并利用GIS工具对节点的重要度进行量化显示以解算主要区位线。

总体而言，交通区位论更多是从交通运输设施角度对物流节点区位选择进行解释，与商业和服务业区位论对物流企业区位布局的阐释综合体现了物流区位选择的二重性。当然，无论是物流节点区位的选择还是物流企业的区位选择，都需要交通运输场站和通道的支撑，交通便利性是不同类型物流区位选择的决定性因素。

2.3　物流节点布局理论

物流节点布局的主要目标是选择物流节点的位置，并确定不同类型物流节点的等级、规模、功能、辐射范围，建立合理的节点体系，形成有利于物流供需动态平衡、物流市场有序竞争的格局。物流节点合理布局直接影响到物流系统的运作效率，与社会经济活动运行和城市空间整体布局有密切联系。与此相关的理论包括区位论和选址理论。本节重点讨论物流节点的选址布局理论。

在全球生产网络和供应链一体化推动下，物流活动全球化、专业化加速，作为物流活动的承载主体，物流园区、物流中心、配送中心、分拨中心等现代物流节点大量涌现，与传统港口、码头、货运场站、仓储设施共同形成物流网络的节点设施体系。德国作为欧洲物流发展最好的国家之一，其发展物流园区的主要目的是提高货运经济学和合理性，德国物流园区选择的主要指标是转运方便、交通便利、经济合理以及生态环保。

中国于 20 世纪 90 年代末期开始开展专业化物流节点规划工作。1998 年，深圳率先建设平湖物流基地，拉开了国内大型物流节点建设的序幕。其后，北京、上海、天津、成都等城市结合城市职能定位与国土空间规划、综合交通体系和产业基础等，规划建设了一大批物流园区、物流基地、物流港、物流中心等大型公共物流节点。张永仲等（2010）以北京为研究对象，分析了北京发展公共物流园区的影响因素，提出了以物流基地（一级）、综合物流园区（二级）、专业物流园区（三级）三个层级为核心的物流园区空间规划，并对公共物流园区的规划规模、控制强度等提出了建议，为北京物流节点布局提供了空间布局方案。上海市在“十三五”物流规划中提出对五大重点物流园区功能布局进行优化，拓展并丰富了专业物流基地布局。针对产业集聚态势、产业集约要求、城市运行和居民生活需要，在先进制造业物流基地的基础上，增加农产品、快递、公路货运枢纽三类专业化物流基地，形成了东西联动、辐射内外、层级合理、有机衔接的物流业协调互联空间新格局。

在物流内涵与概念不断演进的过程中，物流节点布局的重点也有所变化。在实体分销阶段，主要关注制造行业的分销仓库建设问题（唐纳德·J. 鲍尔索克斯等，1999），以及流通企业的配送中心选址问题；在物流功能整合阶段，主要关注物流园区、物流中心、配送中心等物流节点选址问题。其中，代表性的有：O'Kelly（1986）研究了具有交换功能的枢纽设施的选址问题，并于 1994 年全面回顾了网络中枢纽设施的选择问题（O'Kelly et al.，1994）。Taniguchi 等（2001）开展了公共物流设施选址研究；Sule（2001）在其著作中，对单设施的选址问题、多设施的选址问题、多目标选址问题、选址-分配问题、网络设施选址问题、巡回设施选址、动态设施选址、运输网络问题等进行了系统总结。Klose 等（2005）对配送系统设计中连续选址模型、网络选址模型、混合整数规划模型及其运用方面进行了回顾。Melo 等（2009）对供应链管理背景下的设施选址模型进行了回顾。上述研究主要立足于微观设施的区位选择。

进入供应链管理时代，物流设施的宏观和整体布局问题，以及物流企业的区位选择受到学者的广泛重视。Hesse 等（2004）认为物流结构的变化具有明显的地理意义，进而提出经济地理学对空间摩擦的研究应从传统运输成本发展为包括物流成本、供应链组织、相互作用环境和物资环境四种要素的研究（王成金，2014）。其后，对物流设施的区位选择日渐丰富，形成的主要代表性认识有：①物流设施的区位选择将会更加注重土地成本，并向海港、空港和高速公路节点等大型节点的周边，以及城市群边缘的内陆郊区、内陆走廊地区和远郊地区集聚，便于实现与其他地区乃至整个国家的货流联系（Woudsma et al.，2008；Christopherson et al.，2009）。美国、日本、欧洲和中国的许多大都市区均记录了仓储活动的郊区化现象（Allen et al.，2012；Dablanc et al.，2014；Sakai et al.，2015；Heitz et al.，2017；李国旗等，2017）。②大都市区的形成与发展在推动区域经济发展的同时，也带来了交通拥堵、土地利用效率降低、运输成本增加等问题，导致了物流设施的区位及布局调整、物流用地的增加以及货流在区域内再组织，这种大尺度的物流区域安排实现了对各种类型的配送中心、物流园区、多式联运终端的更合理组织，这种空间组织在最小化货运活动对周边区域影响的同时，提高了运行效率，降低了环境污染（Rodrigue，2020）。与此同时，物流活动的位置会增加土地消耗，导致城市扩张，还会因噪声、空气污染、交通拥堵和交通安全而降低当地居民的福祉（Aljohani et al.，2016）。随着当地居民越来越意识到物流活动产生的环境外部性，仓储地点出现环境正义（environmental justice，EJ）问题（Yuan，2021）。③大规模的物流设施，已成为大都市区经济区域的重要组成部分，这类物流设施也趋向于集中布局在大城市地区，Pertierra[①]（2010）的分析表明，在亚特兰大城市群，1998～2008 年，仓库的数量增加了 203%，物流已成为驱动亚特兰大经济区发展的重要动力。

学者将发生在大都市区物流设施的演化过程归纳如下：

（1）物流蔓延（logistics sprawl）或郊区化。物流蔓延的主要目的是提高物流效率和降低物流成本（Dablanc et al.，2010）。Cidell（2010）以 1986～2005 年美国 50 个城市群中的 47 个城市为调查对象，从县域尺度揭示了仓储和物流相关活动的郊区化和集中化趋势。Dablanc 等（2010）研究发现，1975～2008 年服务于快递和包裹行业的分拨中心从巴黎市区外移了 6mi[②]，而工作地点仅移动了 1.3mi，大都市区的物流蔓延比经济活动的蔓延更具普遍性。

（2）物流极化（logistics polarization）或物流集群（logistics cluster）。Dablanc

① Pertierra B，2010. Supply Chain and Logistics，Drivers of Economic Development. Presentation at Metro Atlanta Chamber of Commerce，November 16，Courtesy of the author.

② 1mi = 1.609344km。

等（2012）以亚特兰大为研究区域，从邮政编码（ZIP-code）视角分析了仓储企业数量的时空分布规律，揭示了物流的极化现象。麻省理工学院（Massachusetts Institute of Technology，MIT）运输与物流研究中心的 Sheffi（2012）长期关注物流企业在地理空间上的集群现象，在其 2012 年出版的著作中论述了西班牙的萨拉戈萨、荷兰的鹿特丹以及美国的孟菲斯、路易斯维尔和印第安纳波利斯等地的物流产业集群现象和形成动因，以及美国物流企业形成的物流集群的空间布局特征（Rivera et al.，2014）。

（3）中心化或逆郊区化。由于城市配送不畅和货运效率低下等问题日益加剧，有学者关注到了部分物流企业区位选择的中心化趋势，并以巴黎大都市区为例，提出通过提高物流用地集约化程度，改善物流建筑景观，将部分物流设施引入中心城区，建设物流酒店（logistics hotel），来解决城市配送难的问题（Diziain et al.，2012）。

国内，王成金（2005）较早关注了物流企业的区位选择问题，认为物流企业由企业属性要素和物流属性要素组成，共同作用形成企业部门的职能化和区位分离，由此形成物流企业网络。韩增林等（2006）认为物流企业的功能、类型与布局存在密切关系，呈现出差异化的区位指向特征。宗会明等（2009）以南方物流公司为例，探讨了具有总公司-分公司-办事处等级结构的空间运营网络选址的影响因素。曹卫东（2011，2012）、千庆兰等（2011）、梁双波等（2013）从微观视角分别研究了苏州、上海、广州等大城市的物流企业区位布局特征与影响因素。国内学者普遍按照业务类型不同，将物流企业分为资产型和非资产型；在研究对象上，侧重于港口物流企业或特定公司的个案研究（宗会明等，2009）；在研究区域上，集中于东部沿海地区。王成金等（2014）从全国尺度分析了物流企业的布局特征及形成机制。其后，研究焦点转向了城市群和经济带尺度，例如，谢守红等（2015）、梁双波等（2017）、叶士琳等（2018）、宓泽锋等（2018）选择长三角城市群和长江经济带，研究了物流空间格局及地域分布特征。

加入世界贸易组织以后，外资物流企业大量进入中国，跨国物流企业的总部及分支机构的区位选择问题受到学者的广泛关注（刘卫东等，2011），Hong（2007）运用 Logit 模型和调查数据，从交通运输条件、劳动力条件、聚集经济以及政府激励等方面分析了外资物流企业区位选择的动因，认为运输条件是其区位选择的重要因素。王成金等（2016）以国际物流企业为研究对象，重点考察了国际物流企业的中国网络结构，包括网络单元类型分异与功能分异，深入分析了其区位选择，重点包括企业总部和网络单元的区位选择法则与空间规律。

在物流业的区位因素方面，20 世纪 60～90 年代，时空距离、运输成本、库存成本、土地成本等被认为是重要的区位因素，全球化经营带来的汇率波动，以及交通、物流政策对物流企业区位的影响日渐显现（方远平等，2008a）。进入 21 世纪，土地利用规划、物流需求分布和运输方式选择（Porter，2000），以及土地的可得性、价格与用地条件和物流企业的区位选择关系受到普遍关注（Bowen，2008）。Verhetsel 等（2015）在交通可达性与物流企业区位选择关系研究中，通过对比利时法兰德斯的实证研究，论述了土地价格、港口、高速公路出入口、物流园区、货运场站对物流企业区位选择的影响。国内学者将物流企业的区位因素分为宏观因素和微观因素两个方面，宏观因素主要包括自然资源、经济与产业结构、产业集群、交通区位条件、人口分布与城镇体系、对外开放与国际贸易、物流规划与扶持政策；微观因素主要包括交通成本、地租成本、时间成本、管理成本、固定成本和基础设施条件等（韩增林等，2007；张锦，2009；莫星等，2010）。

总体而言，现有研究主要集中于物流企业区位的宏观布局和微观区位指向特征，以及影响因素的总结，对科技型、平台型等新兴物流企业，以及信息、技术、自然环境等区位因素的研究有待深入；现有研究主要从物流蔓延或郊区化、物流极化和物流集群等方面，总结物流企业区位演化的空间形态及形成机制，从物流用地功能调整、产业转移，以及物流服务通道运营等方面解释物流空间格局演变的研究有待加强。因此，物流节点布局理论为物流区位理论体系的形成奠定了重要基础。

2.4 物流集群理论

产业及经济的集聚一直是地理学家和经济学家的研究热点。Marshall（2009）较早关注产业集群并讨论了导致集群产生的外部规模经济。根据集聚经济体理论，Porter（2000）将集群定义为“一组地理上集中的相互关联的企业和机构，它们处在同一个特定的产业领域，由于具有共性或互补性而联系在一起”。不同行业参与程度不同，集群的定义取决于企业参与竞争的策略，因此集群也被定义为与知识、技能、投入、需求和（或）其他联系相关的产业的地理集中度（Delgado et al.，2014）。物流产业包括运输、仓储、装卸、加工、整理、配送等活动，是可以为用户提供一体化综合性服务的产业。在全球化背景下，物流集群或物流枢纽的出现是为了应对制造业、商贸业等企业聚集而产生的对物流活动的要求，这是物流专业水平和协作水平不断提高的必然需求。因此，从地理的角度来看，物流集群可以被定义为提供物流服务的企业的地理集中现象，这些企业包括运输、仓储、第三方物流（third party logistics，3PL）等物流企业，同时还有一些以物流业务为主的其他企业，也包括为物流企业提供服务的企业。Sheffi（2012）认为物流集群并不是简单的企业聚集，而是一个具有相对密集物流活动和强大物流服务能力的复杂经济体。

中国对物流集群的研究是伴随着各地物流园区的建设而日渐兴起的。刘思婧等（2018）将物流集群定义为具有竞合关系的各类物流企业在地理空间上的集中现象，并将集群城市分为成熟物流集群和新兴物流集群来探寻其发展模式。海峰等（2016）通过对物流集群理论的梳理，将物流集群的内涵总结为物流活动聚集的空间区域，以物流企业为核心的多元主体，主体间联系广泛，合作至关重要。由此可见，物流集群的形成融合了众多生产型服务业和多类型物流设施，是一个具有服务业集群和基础设施集群双重属性的产业集群（刘思婧等，2018）。物流集群通过将相互关联的物流活动集中到一起，通过企业间的纵向产业分工和横向经济合作能够获取供应链系统成本优化与多元化的范围经济；通过共享集群内部信息等促进创新的扩散，形成支持物流业务发展所需要的基础设施和专业设备的最优规模，如此，集群内部的企业就会更深地扎根于能够获得集聚外部性与知识溢出的集群之中。

虽然对于物流集群的定义不尽相同，但是其特点都是物流资源要素与物流服务的聚集地。物流集群形成的首要条件是拥有良好的地理区位优势，世界上典型的物流集群有经济基础和服务较好的发达地区，也有借助区位优势成长的欠发达地区，这些集群发挥了优势，带动了相关地区的经济发展，将现代物流业显著的经济效益和社会效益发挥到极致。

在物流企业区位选择中，物流集聚地区对企业自身发展也有促进作用。此外，物流节点也具有集聚效应，主要分布于经济中心城市、交通枢纽和产业聚集地，物流集群理论有助于深化人们对物流设施和物流企业区位选择的认识。

2.5　经济学相关理论

物流活动是由社会经济活动的派生需求而产生的，与投入产出密切相关，自然受到经济学理论的约束。物流区位的选择可视为投入，而企业在此区位上运作所得的利益则为产出。

2.5.1　资产专用性理论

美国经济学家威廉姆森指出资产专用性是当某种资产在某种用途上的价值高于在任何其他用途上的价值时，该种资产在该种用途上就是具有专用性的（牛德生，2004）。张志梁（2008）以物流资产专用性为变量，利用威廉姆森的交易成本理论，得出企业在选择自营物流还是第三方物流时，与企业物流资产的专用性密切相关；企业物流资产的专用性越高，企业越倾向于选择自营物流，相反，则越倾向于第三方物流。李喆（2013）在对物流资产定义与分类的基础上，探讨了基于资产专用性的物流集群间的协同机理、协同模式和协同机制。物流节点、运输设施设备、信息系统等是物流企业投入的重要资产，对物流企业区位选择及重构具有重要作用，资产专用性理论有助于认识物流区位的稳态性规律。

2.5.2　交易成本理论

英国经济学家科斯将交易成本定义为获得准确的市场信息所需要付出的费用，以及谈判和经常性契约的费用（彭真善等，2006）。王晓轩等（2012）基于佩鲁的增长极理论并结合古典经济学派、交易成本学派以及新经济地理学派的思想，阐述了产业区位聚集是因为聚集所带来的经济成本节约、生产灵活性和技能专业性等最终导致交易成本降低。周正柱等（2015）基于 245 家企业调研数据，采用描述统计、因子分析等统计方法明确了在影响企业迁移区位选择的因素中，商务成本各要素都非常重要，而资金成本各要素的重要性因企业主营业务的不同呈现出显著差异，市场化程度、企业战略等的重要性因企业性质不同而有显著差异，市场及技术因子因企业规模和成立年限不同而表现出差异性。总体而言，交易成本会对不同类型企业的区位变迁产生积极的影响，这为从新的视角来解释物流区位的动态性提供了重要理论依据。

2.5.3　资源基础理论

资源基础理论最早由 Wernerfelt（1984）提出，认为企业是各种资源的集合体。由于企业拥有的资源各不相同，具有异质性，这种异质性决定了企业竞争力的差异，其核心问题是研究企业之间为何会存在绩效差异以及企业如何利用资源的异质性建立和维持竞争优势。Kim（1999）研究了 1880～1987 年不同时间段要素禀赋对美国 20 个制造业二位数行业布局的影响，发现劳动力、资本、土地资源等方面要素禀赋条件对制造业空间分布有较强的解释力。叶素云等（2012）利用 2000～2010 年中国 286 个城市层面的数据，对不同时段、不同区域和不同所有制类型的工业企业区位进行了分析，结果显示，国内市场潜力和国际市场需求越大，越有利于吸引和培育新企业；沿海地区资源禀赋条件越好的城市，会吸引更多企业落户；内地地区城市的工业税负水平高、差异大，不利于吸引企业落户；城市内部基础设施和工资水平对工业企业区位决策的影响并不显著。资源基础理论有助于从资源的获取难度、组合类型和利用能力等视角来解释不同地区、不同类型和不同规模的物流企业的区位选择模式，以及不同类型物流设施的区位优势度。

2.5.4　企业成长理论

企业成长理论分为内生成长理论和外生成长理论。内生成长理论认为企业成长是内生性的，企业内部因素决定了企业成长的程度和范围，是决定企业成长的主导因素；外生成长理论则认为企业成长是外生性的，强调企业外部因素对企业成长的决定作用，尤其强调市场结构特征对企业成长的决定作用（李军波等，2011）。阿瑟·刘易斯（1984）通过研究表明发展中国家因具有充分和廉价的非熟练劳动力而使生产成本大大降低，吸引了某些劳动密集型产业从发达国家转移至此。随着产业转移的进行，企业会表现出不同的空间组织形态，首先是公司内部功能分离，产生职能部门结构；其次是建立国外子公司或分部及相应的地方协调结构；再次是逐步出现多分部和母子结构；最后是实施全球性经营，公司组织将可能采取世界性产品部结构、区域部结构和混合及矩阵结构三种结构（Clarke，1985）。卓素燕等（2014）指出企业为了获取更好的资源和成长而选择了产业转移，将部分或全部生产经营活动转移到不同地区开展，产生了企业的区位选择、空间行为、组织关系等一系列企业空间组织问题，而产业转移实施的首要问题便是企业进行区位和再区位的调整过程。为了获得成长，企业会选择更有利于自身发展的区位进行搬迁入驻；另外，已经获得成长的企业会因为自身经营业务或规模的扩大而进行区位扩张。企业成长理论为认识物流企业成长过程中出现的区位重构、区位扩张等问题提供了理论支撑，有利于认识物流区位动态性和复杂性规律。

2.6　可持续发展理论

可持续发展理论是指既满足当代人的需要，又不对后代人满足其需要的能力构成危害的发展，以公平性、持续性、共同性为三大基本原则。在物流区位选择方面涉及的可持续发展理论主要有生态位理论和环境正义理论。

2.6.1　生态位理论

1910年，Johnson最早使用了术语生态位（niche），他认为“同一地区的不同物种可以占据环境中的不同生态位”。Grinnell（1916）在研究加利福尼亚长尾鸣禽的生态关系时，使用了生态位术语并首次给出了定义。他运用植被覆盖、栖息地、非生物因子、资源和被捕食者等所有环境中的限制性因子来描述物种的生态位，指出在同一动物区系中定居的两个物种不可能具有完全相同的生态位（李鑫，2008）。现实社会事物的运行轨迹普遍存在着自然规律，因此生态位理论可以应用到各种产业群中，形成产业生态位，使其在战略环境中获取更多的资源，相比种群生态位更有意义，能为产业战略选择提供新的视角（Dimmick et al.，1984；Baum et al.，1994）。刘思婧等（2020）将生态位的概念引入物流领域，将物流企业生态位定义为某一地域单元提供给物流企业生存与发展的基础条件，能够反映该地域物流企业生存活动的适宜程度。其中，态是指物流企业受环境因素影响积累的结果，表现为企业规模和企业类型等自身属性指标；势是指影响物流企业生存发展的环境因素，表现为交通、物流供给和地理位置等条件。

生态位理论将物流企业内外属性与影响因素相结合，通过生态位宽度体现出不同区域的物流发展水平的差异，能够综合反映物流空间差异、地区物流竞争力和物流企业区位模式间的内在作用机理。在物流企业区位选择中，生态位宽度为高值的优势区位，周边物流企业的规模较大，集聚趋势明显，具有较好的交通条件、土地政策、政府扶持，物流供需条件优越。生态位理论有助于从多因素综合集成视角认识物流区位形成的综合条件。

2.6.2　环境正义理论

环境正义最早起源于 20 世纪 80 年代的美国，是美国现代民权运动和环境保护运动的产物。美国国家环保局（Environmental Protection Agency，EPA）将环境正义定义为：在环境法律、法规、政策的制定、遵守和执行等方面，全体人民，不论其种族、民族、收入、原始国籍和受教育程度，应得到公平对待并卓有成效地参与（王向红，2007）。Bullard（1990）在《在南部倾倒废弃物：种族、阶级与环境公平》中从环境种族主义的层面界定了环境不正义，该著作被认为是环境正义问题最有力的支持之一；美国伦理学家彼得 • S. 温茨（2007）在《环境正义论》中，对环境正义的理论基础和本质展开了探讨，拓展了环境正义的适用范围；曾建平（2007）在《环境正义：发展中国家环境伦理问题探究》中探究了发展中国家环境与发展矛盾的问题（如贫困与环境、人口与环境、贸易与环境）上的伦理特质，提出了发展中国家环境伦理的实践形式。经过数十年研究，环境正义与贫困和少数民族地区人们的生存条件问题获得了越来越广泛的关注，不仅在环境领域，甚至在规划、公共政策等领域都成为重要的研究方向。

在目前的研究中，多将环境问题作为影响因素或约束条件与物流活动联系在一起，但是物流设施及其所涉及的物流活动对于社区环境的影响是不可忽视的，首先，物流仓库和集散中心的存在增大了街区的尺度，降低了周边商业和居民活动的密度。但对社区可居住性的负面影响，可能导致其不受本地居民欢迎，有研究指出大型物流设施多位于低收入群体社区。其次，物流仓库和集散中心储存的商品和货物具有环境威胁，如易燃易爆、有毒货品选址和环境防护需要所在社区和城市高度关注。最后，物流仓库和集散中心产生和吸引的物流活动，如运输车辆对环境的持续性污染、不可避免的高分贝噪声和震动，对社区居民的生活产生负面影响。袁泉（2017）提出物流设施空间分布的环境正义视角应聚焦于物流设施不平等地分布于低收入群体社区，以及何种机制造成了这种不平等分布。

在物流企业区位选择中，往往会选择土地价格相对较低和交通便利的地区，但这些地区往往也受到低收入群体的青睐，这导致物流设施的分布更靠近居民区，受到其环境影响的社区居民数量更大。因此，环境正义理论为可持续绿色物流区位选择理论的构建提供了重要的理论参考。

2.7　城市土地经济理论

城市土地经济理论重点关注从城市增长到土地利用过程、方式和结构变化的复杂过程。土地的空间不可移动性形成了土地的区位概念，也决定了人们要进行区位选择，区位选择的实质是土地位置及其所处环境的选择（冯云廷，2017）。宗会明等（2017）分析了重庆市主城区批发市场的发展、布局特征和外迁机制，结果发现，批发市场布局呈现明显的聚集特征，空间上主要分布于主城核心区的内环以里，外环分布较少；其外迁过程受到市级、区级两级政府引导的博弈、市场因素中地租成本与劳动力成本之间的博弈、规划物流设施布局、线上网络销售等因素的共同作用与影响。Yuan 等（2019）衡量了武汉市 1993～2014 年仓储设施的空间分布变化，发现在后十年，政策变得更有利于服务业，土地价格也出现了大幅度上涨；仓储用地从集中在三环以内到急剧扩张至三环以外地区，仓库在空间上从市中心转移到郊区。通过进一步研究影响仓储选址的因素，发现运输通路、土地可用性、工业连接和土地使用政策都与仓储发展显著相关。戢晓峰等（2021）测度了全国不同城市物流蔓延呈现的特性，从蔓延强度、方向等多维度提取了中国城市物流蔓延的演化特征。结果发现，全国城市物流蔓延空间分布范围在波动中呈扩大趋势，主要向东北方向覆盖范围较大；东三省、京津冀、长三角等地区的物流蔓延趋势相对于其他区域更强；城市物流蔓延是随着中国经济发展、产业政策和土地功能变换等系列因素变化而产生的。土地是物流业发展的基础，以土地利用条件相对复杂的重庆市为例，根据对 12893 家物流样本企业的统计可知，位于商业金融用地和居住用地的物流企业，以提供货运代理服务、物流信息咨询服务为主，占比达 77.8%，而位于仓储用地和工业用地的物流企业，以提供仓储服务、运输服务为主，占比仅为 22.2%。城市土地经济理论有助于揭示物流区位蔓延的成因以及不同物流区位职能在不同土地性质上的差异。

参 考 文 献

阿瑟·刘易斯，1984. 国际经济秩序的演变[M]. 乔依德译. 北京：商务印书馆.

白光润，2009. 应用区位论[M]. 北京：科学出版社.

彼得·S.温茨，2007. 环境正义论[M]. 朱丹琼，宋玉波译. 上海：上海人民出版社.

曹卫东，2011. 城市物流企业区位分布的空间格局及其演化：以苏州市为例[J]. 地理研究，30（11）：1997-2007.

曹卫东，2012. 港航企业区位特征及其空间关联：以上海港口后勤区为例[J]. 地理研究，31（6）：1079-1088.

陈焕江，2001. 公路客运站布局和选址方法的研究[J]. 公路交通科技，2001，18（3）：109-112.
丁琪琳，荣朝和，2006. 交通区位思想评介及交通区位论的新进展[J]. 综合运输，28（5）：12-17.
董洁霜，范炳全，刘魏巍，2006. 港口区位势模式及其增长机制[J]. 系统工程理论方法应用，15（3）：215-219.
方远平，闫小培，2008a. 大都市服务业区位理论与实证研究[M]. 北京：商务印书馆.
方远平，闫小培，2008b. 服务业区位论：概念、理论及研究框架[J]. 人文地理，23（5）：12-16.
冯云廷，2017. 城市土地经济原理[M]. 北京：清华大学出版社.
管国栋，1999. 公路主枢纽货运场站布局方案群体灰色优选的决策研究[D]. 西安：长安大学.
海峰，靳小平，贾兴洪，2016. 物流集群的内涵与特征辨析[J]. 中国软科学，（8）：137-148.
韩增林，郭建科，2006. 现代物流业影响城市空间结构机理分析[J]. 地理与地理信息科学，22（4）：61-65.
韩增林，李晓娜，2007. 第三方物流企业的区位影响因素研究[J]. 地域研究与开发，26（2）：16-19，25.
胡永举，黄芳，2020. 交通港站与枢纽设计[M]. 2 版. 北京：人民交通出版社.
戢晓峰，王然，陈方，等，2021. 中国城市物流蔓延的时空演化特征：基于 329 个城市的物流用地面板数据[J]. 地理科学，41（2）：215-222.
李国旗，金凤君，陈娱，等，2017. 基于 POI 的北京物流业区位特征与分异机制[J]. 地理学报，72（6）：1091-1103.
李军波，蔡伟贤，王迎春，2011. 企业成长理论研究综述[J]. 湘潭大学学报（哲学社会科学版），35（6）：19-24.
李鑫，2008. 生态位理论研究进展[J]. 重庆工商大学学报（自然科学版），25（3）：307-309，332.
李喆，2013. 基于资产专用性的物流集群间协同模式与机制研究[D]. 武汉：武汉大学.
梁双波，曹有挥，吴威，2013. 上海大都市区港口物流企业的空间格局演化[J]. 地理研究，32（8）：1448-1456.
梁双波，曹有挥，吴威，2017. 长江三角洲地区物流供应链时空演化及其影响因素：基于国际货代企业数据的分析[J]. 地理研究，36（11）：2156-2170.
刘思婧，李国旗，金凤君，2018. 中国物流集群的量化甄别与发育程度评价[J]. 地理学报，73（8）：1540-1555.
刘思婧，孙文杰，李国旗，2020. 基于生态位理论的重庆市物流企业优势区位及影响因素研究[J]. 地理科学，40（3）：393-400.
刘卫东，金凤君，张文忠，等，2011. 中国经济地理学研究进展与展望[J]. 地理科学进展，30（12）：1479-1487.
宓泽锋，曾刚，2018. 不同尺度下长江经济带物流联系格局、特征及影响因素研究[J]. 地理科学，38（7）：1079-1088.
莫辉辉，金凤君，刘毅，等，2010. 机场体系中心性的网络分析方法与实证[J]. 地理科学，30（2）：204-212.
莫星，千庆兰，2010. 城市仓储型物流企业区位选择：以嘉里大通物流广州分公司为例[J]. 城市观察，（4）：154-161.
牛德生，2004. 资产专用性理论分析[J]. 经济经纬，21（3）：18-21.
潘裕娟，2016. 特大城市批发市场的物流空间格局及其形成机制[M]. 北京：商务印书馆.
彭真善，宋德勇，2006. 交易成本理论的现实意义[J]. 财经理论与实践，27（4）：15-18.
千庆兰，陈颖彪，李雁，等，2011. 广州市物流企业空间布局特征及其影响因素[J]. 地理研究，30（7）：1254-1261.
唐纳德 • J.鲍尔索克斯，戴维 • J. 克劳斯，1999. 物流管理：供应链过程的一体化[M]. 林国龙等译. 北京：机械工业出版社.
滕宇蛟，薛广成，2019. 基于交通区位理论的东非铁路网规划研究[J]. 铁道运输与经济，41（9）：100-104.
王成金，2005. 试论我国物流经济的空间组织模式[J]. 经济地理，25（3）：366-368.
王成金，2014. 物流企业的空间网络模式与组织机理[M]. 北京：科学出版社.
王成金，张梦天，2014. 中国物流企业的布局特征与形成机制[J]. 地理科学进展，33（1）：134-144.
王成金，李国旗，2016. 国际物流企业进入中国的路径及空间网络[J]. 人文地理，31（4）：72-79.
王向红，2007. 美国的环境正义运动及其影响[J]. 福建师范大学学报（哲学社会科学版），（4）：68-74.
王晓轩，张璞，李文龙，2012. 佩鲁的增长极理论与产业区位聚集探析[J]. 科技管理研究，32（19）：145-147，157.
王元庆，贺竹磬，2004. 多方式协调发展的运输通道布局规划体系[J]. 交通运输工程学报，4（3）：73-78.

魏瑶，王元庆，王涛，等，2019. GIS 支持下的县乡公路网布局重要度解算方法[J]. 测绘地理信息，44（6）：19-22.

谢守红，蔡海亚，朱迎莹，2015. 长三角城市群物流联系与物流网络优化研究[J]. 地理与地理信息科学，31（4）：76-82.

许海晏，2017. 城市批发市场疏解升级研究：物流系统优化及成本管理视角[M]. 北京：经济日报出版社.

姚士谋，陈彩虹，王书国，等，2006. 国际空港的大区位及其规划布局问题：以广州新白云机场为例[J]. 人文地理，21（1）：56-59，109.

叶士琳，曹有挥，王佳韡，等，2018. 长江沿岸港口物流发展格局演化及其机制[J]. 地理研究，37（5）：925-936.

叶素云，叶振宇，2012. 中国工业企业的区位选择：市场潜力、资源禀赋与税负水平[J]. 南开经济研究，（5）：94-110.

袁泉，2017. 环境正义视角下的区域与城市物流空间[J]. 城市观察，（1）：38-53.

曾建平，2007. 环境正义：发展中国家环境伦理问题探究[M]. 济南：山东人民出版社.

张锦，2009. 物流规划原理与方法[M]. 成都：西南交通大学出版社.

张文尝，2001. 运输通道系统分析[J]. 交通运输系统工程与信息，1（2）134-139.

张文尝，2002. 交通经济带[M]. 北京：科学出版社.

张文忠，1999. 大城市服务业区位理论及其实证研究[J]. 地理研究，18（3）：273-281.

张文忠，2000. 经济区位论[M]. 北京：科学出版社.

张永仲，白劲宇，2010. 公共物流区空间规划探析：以北京公共物流区空间规划研究为例[J]. 城市规划，34（11）：31-34，39.

张志梁，2008. 从物流资产的专用性分析企业是否应该采用第三方物流[J]. 商业经济，（19）：109-111.

周麟，沈体雁，2016. 大城市内部服务业区位研究进展[J]. 地理科学进展，35（4）：409-419.

周正柱，孙明贵，张莹，2015. 企业迁移区位选择影响因素[J]. 经济与管理研究，36（4）：110-119.

卓素燕，孙明贵，2014. 产业转移背景下的企业空间组织问题及形成[J]. 财经科学，（12）：97-106.

宗会明，周素红，闫小培，2009. 基于公司层面的物流网络组织：以南方物流公司为例[J]. 地理科学，29（4）：477-484.

宗会明，郑丽丽，戴洁琳，等，2017. 物流蔓延背景下重庆主城区批发市场外迁与机制解释[J]. 城市观察，（1）：54-61，72.

《交通大辞典》编委会，2005. 交通大辞典[M]. 上海：上海交通大学出版社.

Aljohani K，Thompson R G，2016. Impacts of logistics sprawl on the urban environment and logistics：Taxonomy and review of literature[J]. Journal of Transport Geography，57（12）：255-263.

Allen J，Browne M，Cherrett T，2012. Investigating relationships between road freight transport，facility location，logistics management and urban form[J]. Journal of Transport Geography，24（4）：45-57.

Baum J A C，Singh J V，1994. Organizational niches and the dynamics of organizational mortality[J]. American Journal of Sociology，100（2）：346-358.

Bowen J T Jr，2008. Moving places：The geography of warehousing in the US[J]. Journal of Transport Geography，16（6）：379-387.

Bullard R D，1990. Dumping in Dixie：Race，Class，and Environmental Quality[M]. Boulder：Westview Press.

Christopherson S，Belzer M，2009. The next move：Metropolitan regions and the transformation of the freight transport and distribution system[J]. Urban and Regional Policy and Its Effects，2：194-222.

Cidell J，2010. Concentration and decentralization：The new geography of freight distribution in US metropolitan areas[J]. Journal of Transport Geography，18（3）：363-371.

Clarke I，1985. The Spatial Organization of Multinational Corporations [M]. London：Croom Helm.

Dablanc L，Ogilvie S，Goodchild A，2014. Logistics sprawl[J]. Transportation Research Record：Journal of the Transportation Research Board，2410（1）：105-112.

Dablanc L，Rakotonarivo D，2010. The impacts of logistics sprawl：How does the location of parcel transport terminals affect the energy efficiency of goods' movements in Paris and what can we do about it?[J]. Procedia-Social and Behavioral Sciences，2（3）：6087-6096.

Dablanc L，Ross C，2012. Atlanta：A mega logistics center in the piedmont atlantic megaregion（PAM）[J]. Journal of Transport Geography，24：432-442.

Delgado M，Porter M E，Stern S，2014. Clusters，convergence，and economic performance[J]. Research Policy，43（10）：1785-1799.

Dimmick J，Rothenbuhler E，1984. The theory of the niche：Quantifying competition among media industries[J]. Journal of Communication，34（1）：103-119.

Diziain D，Ripert C，Dablanc L，2012. How can we bring logistics back into cities? the case of Paris metropolitan area[J]. Procedia - Social and Behavioral Sciences，39：267-281.

Grinnell J，1916. The niche-relationships of the California thrasher[J]. The Auk，34：427-433.

Hao F L，Yang Y X，Wang S J，2021. Patterns of location and other determinants of retail stores in urban commercial districts in Changchun，China[J]. Complexity，（2）：1-14.

Heitz A，Dablanc L，Tavasszy L A，2017. Logistics sprawl in monocentric and polycentric metropolitan areas：the cases of Paris，France，and the Randstad，the Netherlands[J]. REGION，4（1）：93-107.

Hesse M，Rodrigue J P，2004. The transport geography of logistics and freight distribution[J]. Journal of Transport Geography，12（3）：171-184.

Hoover E M，1937. Location Theory and the Shoe and Leather Industries[M]. Cambridge: Harvard University Press.

Hoover E M，1948. The Location of Economic Activity[M]. New York：McGraw-Hill.

Hong J J，2007. Location determinants and patterns of foreign logistics services in Shanghai，China[J]. The Service Industries Journal，27（4）：339-354.

Kim S，1999. Regions，resources，and economic geography：Sources of US regional comparative advantage，1880-1987[J]. Regional Science and Urban Economics，29（1）：1-32.

Klose A，Drexl A，2005. Facility location models for distribution system design[J]. European Journal of Operational Research，162（1）：4-29.

Marshall A，2009. Principles of Economics：Unabridged Eighth Edition [M]. New York：Cosimo，Inc.

Melo M T，Nickel S，Saldanha-Da-gama F，2009. Facility location and supply chain management—A review[J]. European Journal of Operational Research，196（2）：401-412.

O'Kelly M E，1986. The location of interacting hub facilities[J]. Transportation Science，20（2）：92-106.

O'Kelly M E，Miller H J，1994. The hub network design problem：A review and synthesis[J]. Journal of Transport Geography，2（1）：31-40.

Porter M E，2000. Location，competition，and economic development：Local clusters in a global economy[J]. Economic Development Quarterly，14（1）：15-34.

Rivera L，Sheffi Y，Welsch R，2014. Logistics agglomeration in the US[J]. Transportation Research Part A：Policy and Practice，59：222-238.

Rodrigue J P，2020. The Geography of Transport Systems[M]. 5th ed. New York：Routledge.

Sakai T，Kawamura K，Hyodo T，2015. Locational dynamics of logistics facilities：Evidence from Tokyo[J]. Journal of Transport Geography，46（6）：10-19.

Serra D S，2016. Location determinants of creative industries' firms in Spain[J]. Investigaciones Regionales. Journal of Regional Research，34（34）：23-48.

Sheffi Y，2012. Logistics Clusters：Delivering Value and Driving Growth[M]. Cambridge：MIT Press.

Singh J V，1994. Organizational niches and the dynamics of organizational mortality[J]. American Journal of Sociology，100（2）：346-380.

Sule D R，2001. Logistics of Facility Location and Allocation[M]. Los Angeles：CRC Press.

Taaffe E J，Morrill R L，Gould P R，1963. Transport expansion in underdeveloped countries：A comparative analysis[J]. Geographical Review，53（4）：503-529.

Taniguchi E，Thompson R G，Yamada T，et al，2001. City Logistics Network Modeling and Intelligent Transport Systems[M]. New York：Pergamon.

Verhetsel A，de Kessels R，Goos P，et al，2015. Location of logistics companies：A stated preference study to disentangle the impact of accessibility[J]. Journal of Transport Geography，42：110-121.

Wernerfelt B，1984 . A resource view of the firm[J]. Strategic Management Journal，5（2）：171-180.

Woudsma C，Jensen J F，Kanaroglou P，et al，2008. Logistics land use and the city：A spatial-temporal modeling approach[J]. Transportation Research Part E：Logistics and Transportation Review，44（2）：277-297.

Yuan Q，2021. Location of warehouses and environmental justice[J]. Journal of Planning Education and Research，41（3）：282-293.

Yuan Q，Zhu J R，2019. Logistics sprawl in Chinese metropolises：Evidence from Wuhan[J]. Journal of Transport Geography，74：242-252.

第3章　物流区位类型与空间联系

受尺度变化、组织主体等因素影响，物流区位的类型众多，区位影响因素呈现显著差异，亟待建立完善的物流区位分类体系，科学辨析区位选择的关键影响因素，为典型物流区位活动的模式分析、机制认识和空间调控提供参考。

3.1　物流区位分类与影响因素

当前，对于物流区位的研究主要从两个视角进行，一个是物流企业视角，重点研究物流企业在全球、地方和特定场所的区位特征。不同物流企业职能类型众多，因此企业内部又存在较大差异。物流企业是物流节点建设的主体，因此物流节点的区位问题也常被认为是包含在物流企业区位研究之中的。另一个是物流节点视角，重点研究公共物流节点、核心物流设施单元的区位选择问题。考虑到物流节点具有公共性、公益性等特征，且具有较显著的社会效益，国外发达国家在物流业发展过程中，较早关注公共物流设施（主要是政府规划的物流园区、物流基地、配送中心、集货中心等）的区位选择问题，注重政府规划对物流企业布局的影响。1921年，美国农业部通过冷冻（藏）仓库的数量、结构及地域分布调查，揭示出不同产品、不同类型和不同职能（公共、私人、半私人）的仓库分布特征，将生产和人口的地域集中作为仓库企业布局的重要因素（Banks，1954）。日本为解决城市功能日益低下问题，缓解城市交通拥堵，早在1964年就开始对物流业发展开展政府统筹和物流设施规划，1969年形成全日本范围物流体系的宏观规划。日本的物流园区（又称为物流团地）一般位于大城市周边或靠近交通枢纽；城市配送型物流园区注重通过市内交通线路与市内其他物流节点形成高效的城市物流网络，并集聚大量的物流企业。1991年建成的坂神物流园区即为不同行业的64家企业组成的高度集团化的联合体。实践证明，物流园区对日本物流发展，尤其是城市末端物流配送的发展起到了积极效果（沈艳丽，2007）。

中华人民共和国成立以后，中国在商业、粮食、供销社、物资、外贸等系统和钢材、煤炭、化工等大型国企中组建了专门的储运机构，建设了一批通用仓库、石油库、危化品库、冷链库和战略物资储备库。改革开放以来，原有储运部门、物资公司等逐步转型为专业性仓储企业和社会化第三方物流企业，仓储网点和结构体系不断完善。相对于国外发达国家，我国现代物流业起步较晚，传统的仓库、货运场站的建设主要布局于港口、铁路车站周边，大量储运企业均为国有企业。中国现代物流节点的建设始于 1998 年的深圳平湖物流基地，1999 年，国家工商总局批准第一家以物流名称注册的企业集团。进入 21 世纪，传统储运企业加快转型为面向不同行业、提供差异化全程物流服务，以及具有不同辐射范围和物流网络的物流企业；原有公路、铁路货运场站、仓库、堆场等改造升级为货运中心、集货中心、配送中心；各级地方政府新建了一批以物流园区、物流中心、配送中心为核心的现代物流设施；跨国物流企业、国有大型物流企业以及大型电子商务企业在全国布局了一批分拨中心、转运中心和配送中心等。受电子商务爆发式增长和消费升级、内需提振等共同影响，一大批高标准、现代化和智能化仓库迅速建成。上述变化在促进交通运输业与现代物流融合发展的同时，形成了日渐完善和构成复杂的物流服务体系及运行网络，对城市原有的空间格局、运输与物流组织方式等带来了深刻影响，有关物流节点和物流企业的布局、规划、运营管理方面以及物流空间格局的研究日渐丰富。

考虑到物流活动的载体和运行主体虽存在密切联系，但又具备明显的区位选择差异，因此有必要从物流企业和物流节点两方面对物流区位进行系统梳理。从企业和政府视角，基于不同尺度划分物流区位的典型类型，如图 3-1 所示。

从宏观尺度来看，主要是立足全球和全国尺度来认识物流区位的空间格局。从企业视角来看，重点关注具有全球、全国物流服务能力的大型物流企业的总部/大型分支机构的设置问题，以及企业在全球和全国范围内核心物流节点的布点问题；从政府视角来看，重点关注全球、全国物流枢纽布局城市，以及全国物流园区布局和参与全球供应链与物流分工问题。从中观尺度来看，主要是立足城市/区县尺度认识物流区位的空间格局。从企业视角来看，更多关注的是不同类型的物流企业的区域性分支机构、营业网点等的设置问题，在城市尺度会与宏观尺度具有一定的交叉重叠；从政府视角来看，重点关注省域、城市群、都市圈等物流园区、物流中心、配送中心等公共物流节点布局和分工问题。从微观尺度来看，主要是立足微观场所认识物流区位的空间位置。从企业视角来看，更多关注的是不同类型物流企业的营业网点/操作中心的具体选点问题；从政府视角来看，更多关注的是不同类型企业及节点共同作用形成的物流空间景观的适应性和协调性问题，侧重于物流项目的招商引资。

从宏观、中观到微观，物流区位的类型存在交叉和差异。从企业视角来看，物流企业营业网点在区县尺度会与微观尺度有一定交叉，分支机构在城市尺度会与宏观尺度有一定交叉，如地区公司是区域性分支机构，属于中观层面，而一些分公司是大型分支机构，属于宏观层面。对于企业所有的大型物流节点，与不同视角都有一定交叉重叠，其中一些企业自建的大型物流节点还可纳入政府规划内，上升为公共物流节点。从政府视角来看，部分位于城市/区县尺度的物流园区、

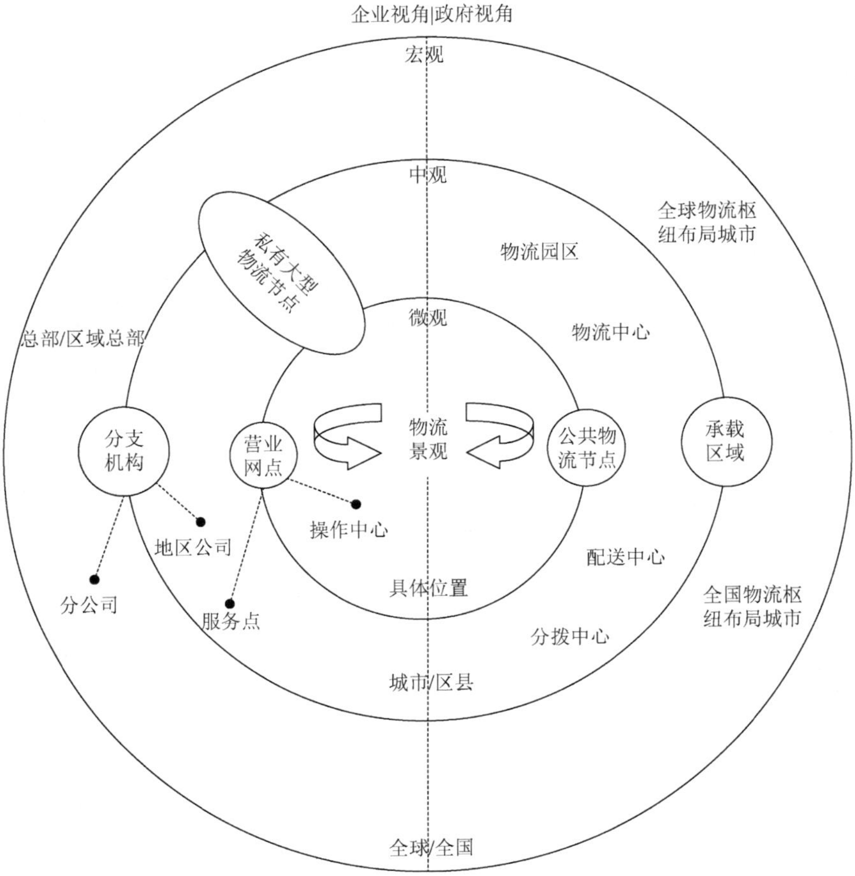

图 3-1　物流区位分类体系

物流中心、配送中心等公共物流节点，还承担着全国乃至全球的城市物流职能。随着尺度的不同，物流区位关注的焦点具有明显差异，宏观尺度更多关注的是全球化视角下城市物流职能与定位问题，中观尺度更多关注的是物流空间视角下城市物流联系与分工问题，微观尺度更多关注的是类型差异视角下物流企业与物流节点共同作用形成的物流空间景观问题。

3.1.1　物流企业类型划分与区位因素

按照《物流术语》国家标准的定义，物流企业（logistics enterprise）是从事物流基本功能范围内的物流业务设计及系统运作，具有与自身业务相适应的信息管理系统，实行独立核算、独立承担民事责任的经济组织。毛海军等（2005）基于大量物流企业样本，提出了物流企业分类的特征指标体系，应用二维 Kohonen 自组织神经网络建立了物流企业的分类模型。根据模型的训练结果将物流企业分为运输型、仓储型、配送型、货代型、快递型和综合型 6 个类别。汝宜红等（2014）根据物流服务提供商所拥有的资产及服务内容的差异，将物流企业分为局部物流服务提供商、网络物流服务提供商、系统物流服务提供商。Tompkins 等（1994）根据物流企业的能力和服务内容将其划分成三种基本类型：①资产型，这类企业通过其当前或延伸的资产提供物流服务；②管理型，这类企业把主要精力放在与提供物流服务有关的管理和技术服务上；③综合型，这类企业采用合同或者租用的形式获得物流服务的资产，将自己的服务与其他服务提供方相结合。Gattorna（2003）根据物流企业服务特征和服务模式把物流企业分为两类：一般物流服务供应商和新业务模式，其中，一般物流服务供应商包括基本资产提供商、牵头物流提供者以及第三方物流；新业务模式主要有第四方物流（fourth party logistics，4PL）、联合服务公司（joint service company，JSC）和虚拟式网络联盟（virtual network coalition，VNC）。

国内外针对第三方物流企业的分类研究较多，比较典型的有：按提供服务的种类划分，可将物流服务提供者分为以资产为基础的物流服务提供者、以管理为基础的物流服务提供者、以行政管理为基础的物流服务提供者和综合物流服务提供者。根据其核心能力和历史因素大体可分为两大类型，即资产型和非资产型。其中，资产型物流公司包括以提供运输服务为主的物流公司、以提供仓储服务为主的物流公司、以提供终端服务为主的物流公司。非资产型物流公司大体可分为四类：以提供货物代理为主的物流公司、以提供信息和系统服务为主的物流公司、以提供物流增值服务为主的物流公司以及第四方物流公司。

在实践界，更多的研究重在关注物流企业的服务产品对象的特征，代表性的有两种：一是美国运输主题出版集团（Transport Topics Publishing Group，TTPG），定期出版的 TOP100 运输承运人杂志中将运输承运人分为雇用（for-hire）和自用（private）两大类，前者主要为社会化物流企业，后者主要为自营性物流企业。其中，雇用型企业又可细分为零担运输、整车运输、罐式运输、冷链运输、家庭用品搬迁服务、定制化合约运输、汽车（整车）运输以及包裹/快递运输 8 类。二是美国商业运输期刊（Commercial Carrier Journal，CCJ）推出的 TOP 250 榜单中卡车运输业分为板车（flated）运输、专业重型（flated，specialized and heavy haul）运输、多式联运（intermodal）、包裹/小件（package/small shipment）运输、罐状\散货（tank/bulk commodities）运输、定制化合约（dedicated contract carriage）运输、普货（general freight）运输、家庭用品（household goods）搬迁服务、汽车运输（car transportation）以及冷链（refrigerated）运输类。

中国物流与采购联合会等起草的《物流企业分类与评估指标》（GB/T 19680—

2013）按照经营活动、资产、管理服务、人员和信息化，将物流企业分为运输型物流企业、仓储型物流企业和综合型物流企业。黄刚等（2017）在电商物流模式图中，将物流企业划分为电商自建物流、零担快运物流、快递、园区地产公路港、电商空运物流、云仓、生鲜冷链物流、跨境电商物流、最后一公里配送和货运 O2O 平台 10 种类型。深圳市物流与供应链管理协会起草的《供应链企业分类与评估》（DB4403/T 28—2019）按照经营管理能力、商流服务能力、物流服务能力、金融服务能力、信息服务能力、社会责任履行等将供应链企业划分为供应链管理服务企业、供应链协同制造企业和供应链协同商贸企业。中国物流与采购联合会起草的《供应链服务企业分类及评估指标》（T/CFLP 0020—2019）根据企业在生产环节、流通商贸环节，以及利用互联网等现代技术构建的网络服务平台为客户提供的供应链服务进行分类，分别为生产制造型供应链服务企业、商贸流通型供应链服务企业、网络平台型供应链服务企业。

在上述学术界和实践界对物流企业分类的基础上，结合物流企业分类国家标准，提出基于业务类型、服务行业与资产属性三个维度的物流企业分类体系（图 3-2），从多维度认识物流企业的属性特征。

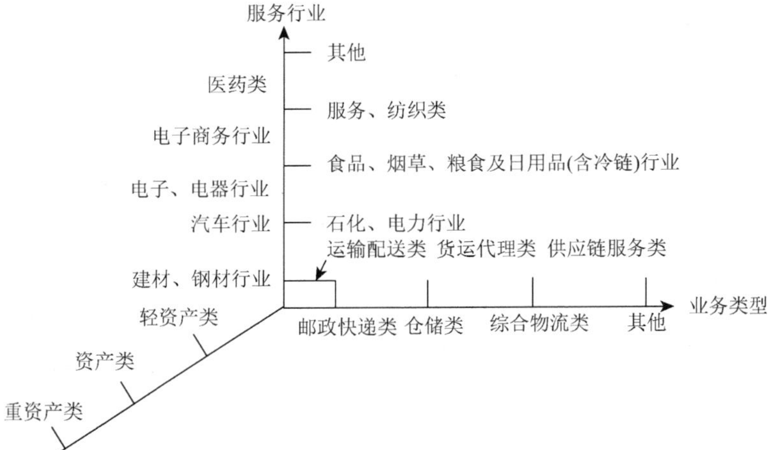

图 3-2　物流企业类型的分类体系

不同服务功能和服务行业的物流企业容易形成职能分异。一般而言，物流企业的职能类型可分为公司总部、区域总部、地区公司、分公司、服务站、操作中心、转运中心、特快专店、服务点、操作站、办公室、办事处、信息中心、事务所、物流中心等（王成金等，2016）。上述职能可进一步简化为行政办公、经营管理和操作执行 3 类。其中，行政办公职能多集中于公司总部/区域总部，在宏观、中观和微观三个尺度都有因素影响其区位分布；操作执行职能多集中于网点和操作站等终端，其区位影响因素多为微观尺度；经营管理职能集中于分公司、办事处、信息中心和研发中心等，它的区位影响因素既与行政办公区位相关，又与操作场所区位相关，因为它多与行政办公或操作场所形成区位共用。在职能分异视角下，物流企业区位的影响因素如图 3-3 所示。

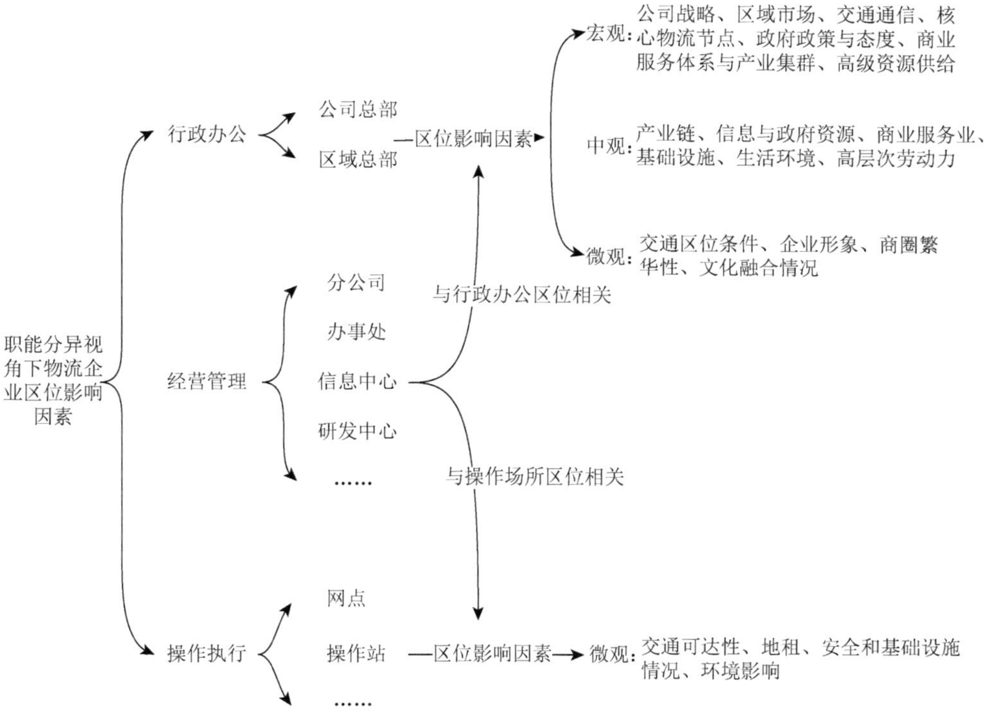

图 3-3　职能分异视角下物流企业区位的影响因素

从资产属性差异视角来看，重资产型物流企业大多为大规模物流企业，由于设施设备的专用性强，其区位选择严格依托于服务企业而布局，有较强的关系依赖，例如，从事特种货物、危险品运输与仓储的物流。资产型物流企业多为大规模和中规模物流企业，其中大规模物流企业使用自有物流设施，而中规模物流企业既自有物流设施又租赁物流设施。轻资产型物流企业不同规模均存在，且中小规模企业大多不保有物流设施，以信息和科技研发服务为主。资产属性的差异会对物流企业区位选择产生重要影响，并形成基于不同关键因素的区位依赖模式，常见的形式如图 3-4 所示。

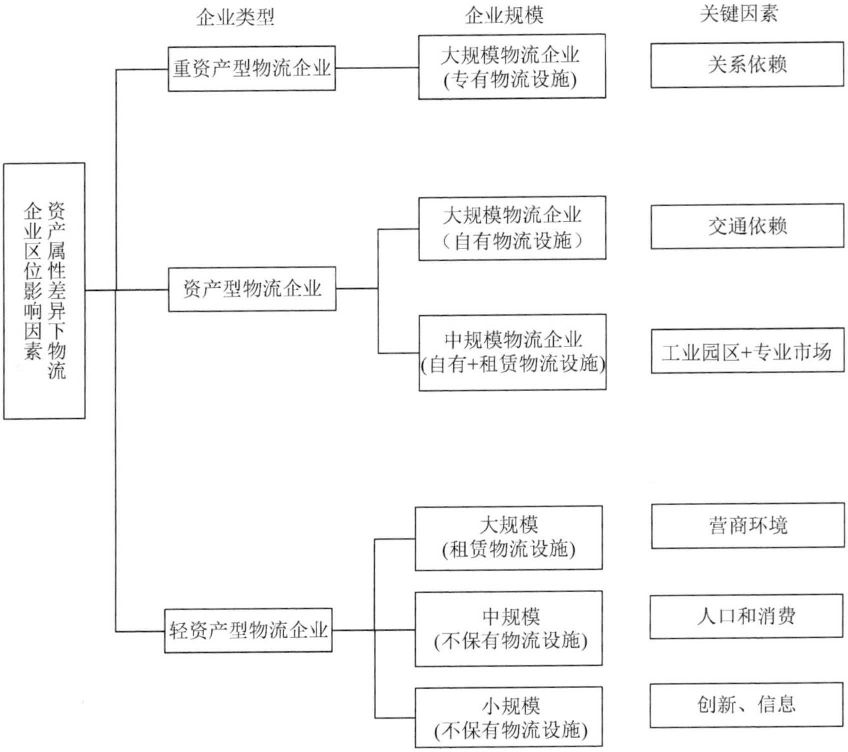

图 3-4　资产属性差异下物流企业区位影响因素

3.1.2　物流节点类型划分与区位因素

物流节点是具备物流相关功能和提供物流服务的场所，主要包括物流园区、物流中心、配送中心、各类运输枢纽、场站港、仓库等。在现代“物流”概念未正式兴起之前，传统的物流节点主要包含各类运输枢纽、场站港、仓库等。随着20 世纪 80 年代物流概念引入中国，以及各级政府推动物流业发展政策措施的相继出台，在国家、省、市乃至区县的物流发展规划中，纷纷将物流园区、物流中心、配送中心的建设作为物流业发展的主要物质基础和要素保障体系，由此引发了物流节点的建设热潮。生产经营活动的全球化以及供应链管理理念的不断深入，也促使大量的生产企业、物流企业在各级布局不同类型的物流中心、配送中心、区域分拨中心等物流节点。

结合中国物流节点规划建设的实际情况，参照交通运输行业的相关设计规范中对各类物流设施的分类，考虑物流节点的规划与运作主体的不同、依托的主导运输方式的不同，可将物流节点类型进一步细分，如图 3-5 所示。

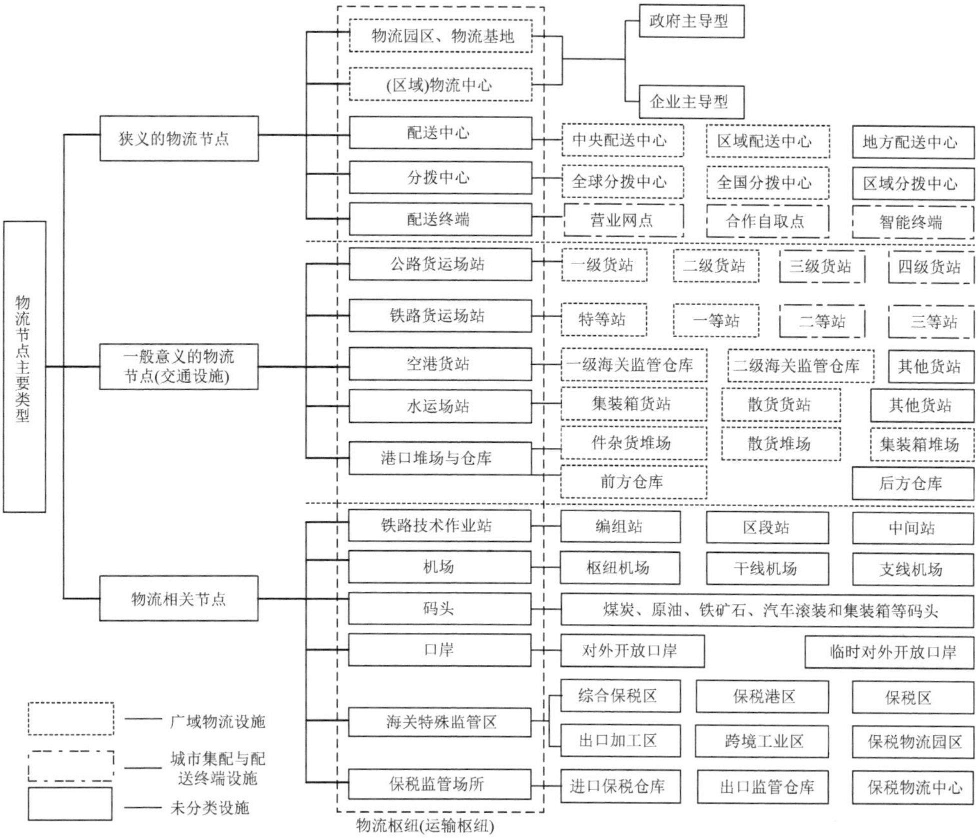

图 3-5　物流节点主要类型划分

从物流节点的规模差异视角，可将物流节点分为大型物流节点、中小型物流节点和末端物流网点，大型物流节点主要包含物流园区、物流基地、物流港、物流中心以及大型货运枢纽场站，以及由多个大型物流节点组成的物流枢纽、运输枢纽等。中国物流与采购联合会发布的数据显示，2018 年，全国符合该次调查基本条件的各类物流园区共计 1638 家，比 2015 年第四次调查数据 1210 家增长 35.37%。2015～2018 年，我国物流园区个数年均增长 10.7%。总体上，我国物流园区建设呈急剧扩张的态势。

按照国家发展改革委和交通运输部联合印发的《国家物流枢纽布局和建设规划》，国家物流枢纽是物流体系的核心基础设施，是辐射区域更广、集聚效应更强、服务功能更优、运行效率更高的综合性物流枢纽，在全国物流网络中发挥着关键节点、重要平台和骨干枢纽的作用，到 2025 年，中国将布局建设 150 个左右国家物流枢纽。

中小型物流节点主要为配送中心、分拨中心、大型仓库、中小型货运场站等，部分设置在大型物流节点内部；末端物流网点主要为面向消费者或者社区服务的自取站点、前置仓和各类智能终端等。

大型物流节点的区位分布主要是政府主导，并在不同尺度下呈现出既有共性又有差异的影响因素，如图 3-6 所示。具体而言，在宏观尺度和中观尺度上多是中央

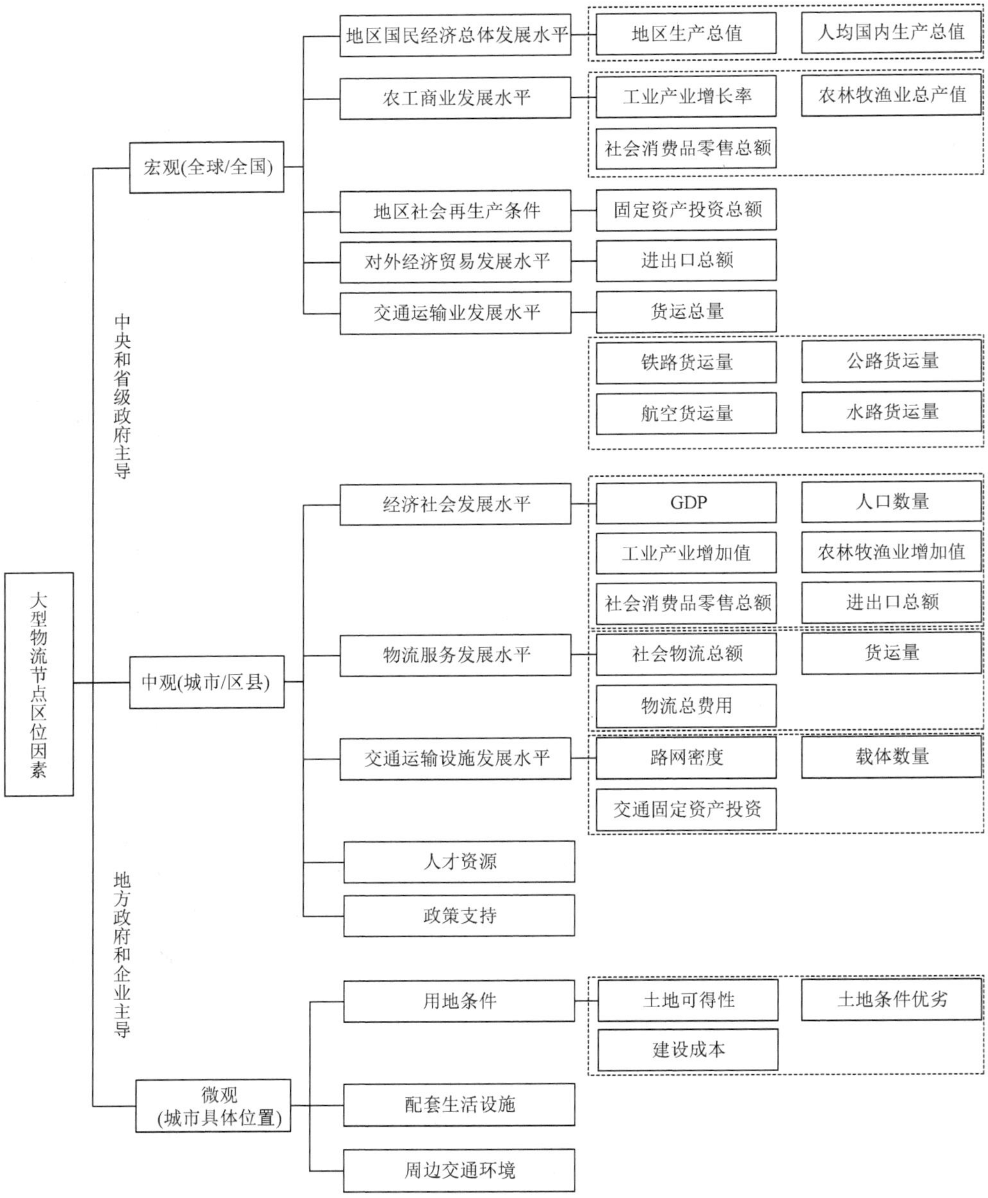

图 3-6　大型物流节点区位选择的主要因素

和省级政府主导的，部分由大型企业自主建设，并逐步发展为大型物流节点；微观尺度，则由当地政府和所在具体建设的区县确定，有一部分是在企业自主建设的物流节点基础上继续建设的。

中小型物流节点的区位布局以企业主导为主，不同尺度下的影响因素如图3-7所示。末端物流网点的区位影响因素多属于微观尺度，与职能类型角度下企业操作执行职能的区位影响因素的认识基本一致，在建设过程中存在多企业共有末端物流网点的发展趋势。

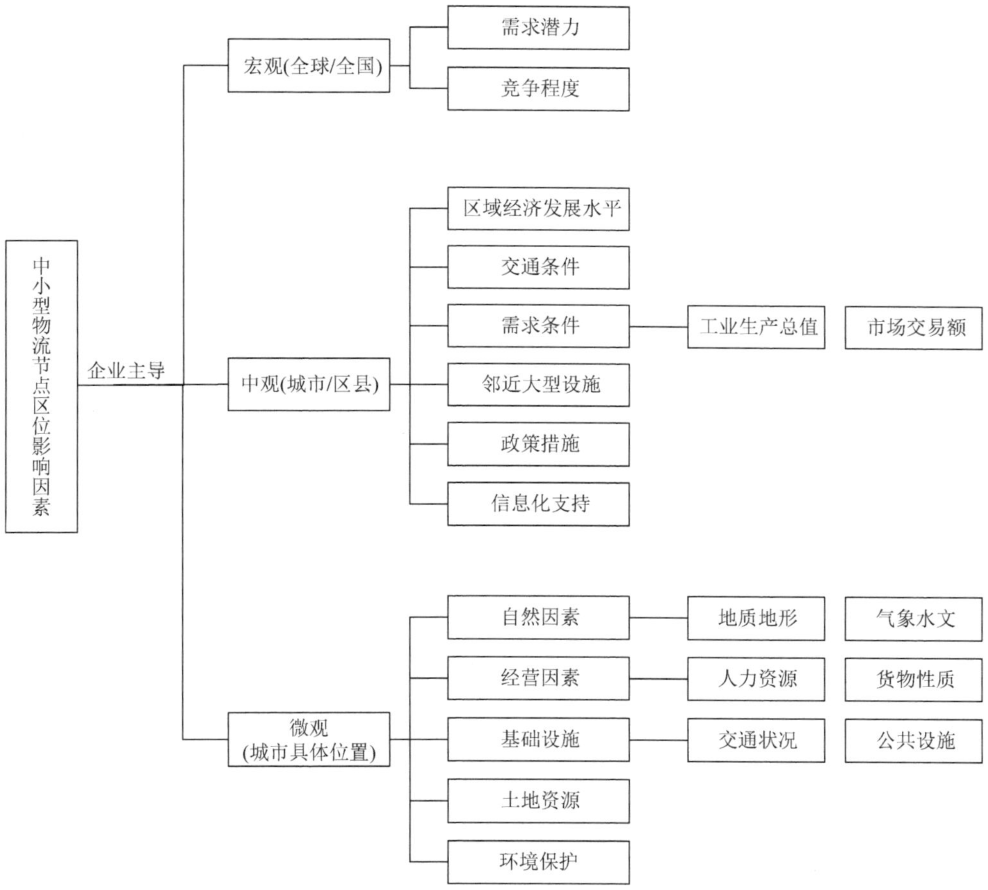

图3-7 中小型物流节点区位影响因素

从图3-6、图3-7可以看出，大型和中小型物流节点区位因素存在一定差异。大型物流节点更多关注的是总体资源的配置，主要考虑国家或者区域内的经济社会总体发展水平、物流服务发展水平和交通设施发展水平等，需要兼顾效率和公平，注重空间均衡发展；中小型物流节点多为企业主导建设，以追求效率为主要目标，其设施位置主要关注的是所在区域的需求潜力，以及建设和经营成本等具体问题。

物流节点的类型划分，除了按照设施规模大小进行分类，还可从设施所服务的范围属性角度进行分类。例如，日本学者苦濑博仁按照服务职能和辐射范围的不同，将物流设施分为广域物流设施以及城市集配与配送终端设施，这种布局更多的是站在城市或城市群视角来认识不同物流节点之间的功能、辐射范围和服务对象。从某种程度来看，城市物流设施体系是涉及四大网络，跨越区域间、城市群、城市三个空间尺度的复杂运行系统，尤其是从配送终端到最终用户的过程，涉及末端物流网点建设和布局问题，容易导致城市最后一公里配送难问题。城市物流节点类型和网络结构如图 3-8 所示（李国旗等，2016）。

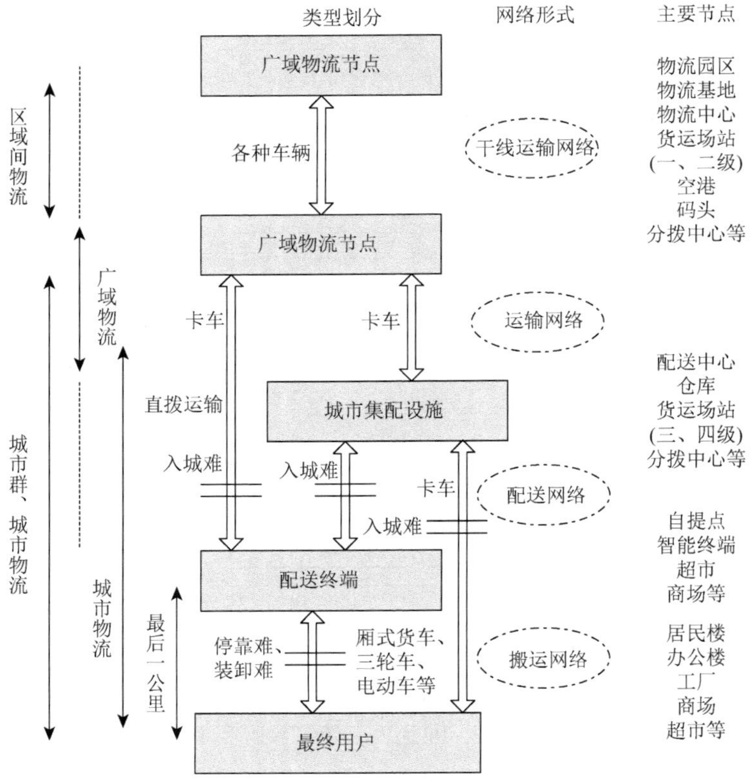

图 3-8　城市物流节点类型和网络结构

3.2　物流区位空间关联体系

物流区位空间关联体系是指物流节点和物流企业为满足多样化的物流服

务需求，在不同空间尺度下形成的空间联系。这种空间联系主要有两种形式：一种是基于基础设施的物流节点体系；另一种是基于企业经营网络的物流组织体系。

3.2.1 物流节点体系

物流节点体系是指在满足各类物流需求的过程中，由具有不同等级、不同功能、不同规模、不同覆盖范围而形成的物流节点集合体。不同城市（区域），物流节点体系存在差异，同时具有一定的相似性，等级、功能、规模、覆盖范围致使物流节点形成具有内部关联的秩序体，同时也是物流节点体系的外在表现。物流节点的功能、规模、覆盖范围决定了物流节点的等级，物流节点的等级制约着其功能、规模、覆盖范围的拓展与延伸（张锦，2009）。常见的物流节点体系有城市物流节点体系和城市群物流节点体系两种类型。

1. 城市物流节点体系

由于经济发展水平、社会经济条件、区位条件和发展方向定位各不相同，不同城市物流节点的层级体系有所差异。按照城市的经济地理、交通区位条件的不同，可分为具有复合职能的综合型城市以及单一职能型城市。其中，综合型城市根据节点规模和服务范围的不同，又可分为全球（国家）综合型城市和区域中心型城市；单一职能型城市的类型主要包括资源型（煤炭、矿石）、商贸型、旅游休闲型等。

全球（国家）综合型城市主要是世界型和全国型中心城市，如中国北京、上海、深圳和广州等。从全球化与世界城市研究网络（globalization and world cities study group and network，GaWC）发布的世界城市名册来看，这些城市均为世界一线城市。全球（国家）型中心城市中布局的物流节点主要有国际型物流枢纽、综合保税区、物流园区、物流中心和货运场站等，其中，货运场站又分为航空、海运和铁路单一或复合类型，典型节点体系示意图如图 3-9 所示。区域中心城市多为省会城市，其物流节点要素与全球（国家）型中心城市的差异不大，主要区别是节点数量更少，等级、功能、规模和辐射范围更小。

资源型城市物流具有运量大、运输货物种类相对单一的特点，这就决定了资源型城市的物流节点主要承担以一种或者几种货物为主的大运量的运输和配送业务。资源型城市物流节点往往具有资源储存保管、运输与配送、装卸搬运以及延伸出的各类物流与供应链增值服务等。在城市物流节点体系中，根据资源分布和大型企业布局，一般会布局多个物流园区，负责城市中资源和产品进出，提供中转综合服务；由于煤炭、矿石等资源需要从开发地运出，所以周边会有货运场

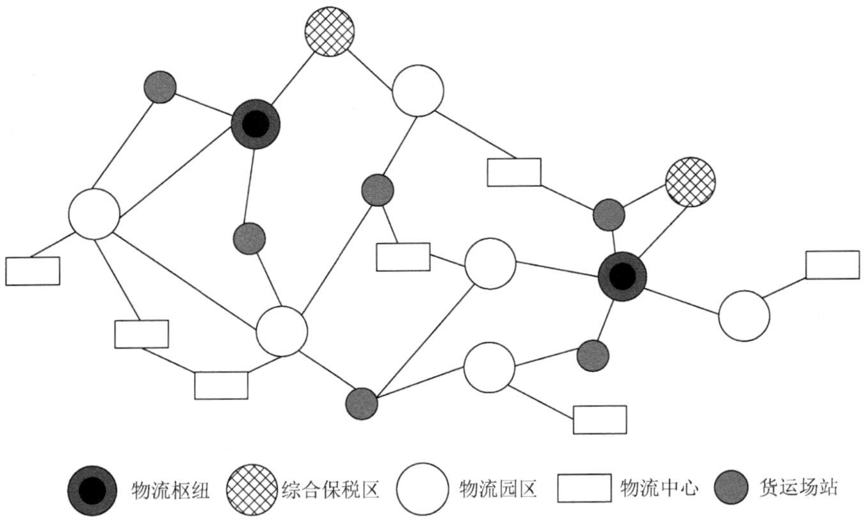

图 3-9　全球（国家）型中心城市的物流节点体系示意图

站与物流节点相衔接，运输方式主要为铁路运输和公路运输等。大多数资源型城市已逐渐形成了以铁路运输为主、以公路运输为重要支撑的多式联运陆路运输体系。

商贸型城市的物流园区大多同时具有商流和物流功能，且不过多依赖货运场站设置，但需要专业物流中心等提供连接上下游市场的专业物流服务，以及通过配送中心负责工业、商贸零售等多品种少批量货物的城市内及边缘配送服务。

旅游休闲型城市的物流节点体系以支撑旅游产业和城市消费为主，物流服务水平会直接影响旅游产业服务质量，旅游休闲型城市的物流节点主要考虑保证旅游目的地物资的供应以及旅游产品的有效流动，两层级的物流节点体系即可满足需求，在重点区域设置物流中心，在消费集聚地设置配送中心，从而实现高效的配送服务。

单一职能型城市物流节点体系示意图如图 3-10 所示。

2. 城市群物流节点体系

城市群物流节点体系规划以大城市为核心，考虑城市群内综合交通运输体系和产业分布，以及主要产品流向、流量等因素，构建以物流枢纽、物流园区、物流中心为核心的物流节点和以主要交通干线为物流通道的多功能、多层次的物流网络体系。

城市群物流节点体系规划一般为省级规划或者跨省规划，其依托交通枢纽、产业集群和区位的优势，对降低物流成本、提高物流效率和促进商品交换具有重要意义。以四川省西部物流中心建设规划为例，依托交通网络，加强物流配套设施建设，形成以一级物流节点城市成都市为中心，二、三级物流节点城市为支撑，

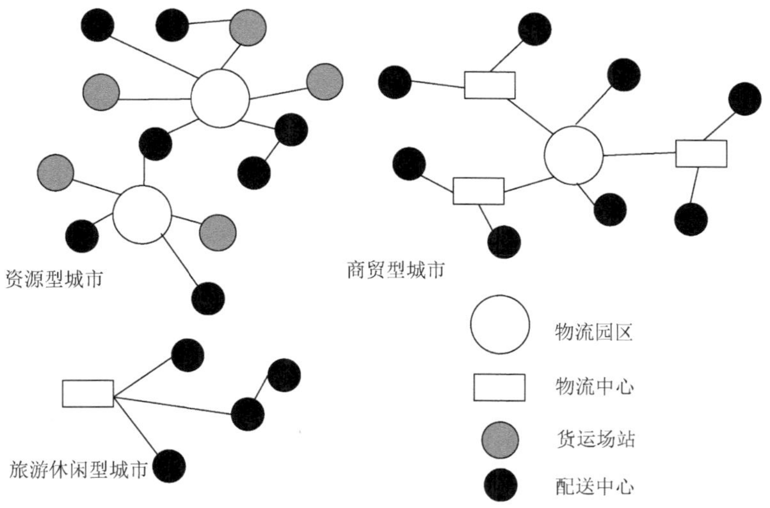

图3-10 单一职能型城市物流节点体系示意图

四级物流节点城镇为终端的物流网络。在空间布局上，一是建设区域物流中心，依托交通枢纽和特大城市的经济功能，把成都建成西部最大的区域物流中心，重点建设5大物流园区和6大物流中心；二是建设次区域物流中心，根据南、北、东、西四个方向进出四川的通道和各地产业布局、商品流向、资源环境、区域规划等因素，建设次区域物流中心；三是依托四川产业特色和物流需求，构建重点领域物流体系。2021年公布的《湖南省“十四五”现代物流发展规划》中，提出了结合区位优势、产业特色和资源禀赋，以现有骨干交通网络、物流枢纽、场站码头、网络平台等为基础，着力构建以“八通道、八枢纽、四网络、多平台”的物流空间新格局，并编制《长株潭城市群一体化“十四五”物流发展规划》。

城市群物流节点体系往往形成轴辐式的空间体系结构，轴心多位于交通干线的连接处，具有较强的辐射带动能力。不同城市根据职能分工，形成次级轴心、轴点。对于物流业发达的地区，还会形成物流集群、物流发展带等区域性、带状次物流空间区域，并形成通道和枢纽经济。典型城市群物流节点体系示意图如图3-11所示。

3.2.2 物流组织体系

物流组织体系由不同类型的物流企业根据业务发展的需要，形成了自上而下的总部、分公司、办事处、末端网点等级结构。构建高效的物流组织体系有利于实现物流网络的合理分工，提高运营效率。不同的物流组织体系根据其具体业务类型体现出差异，常见的物流组织体系有专业型、综合型等。

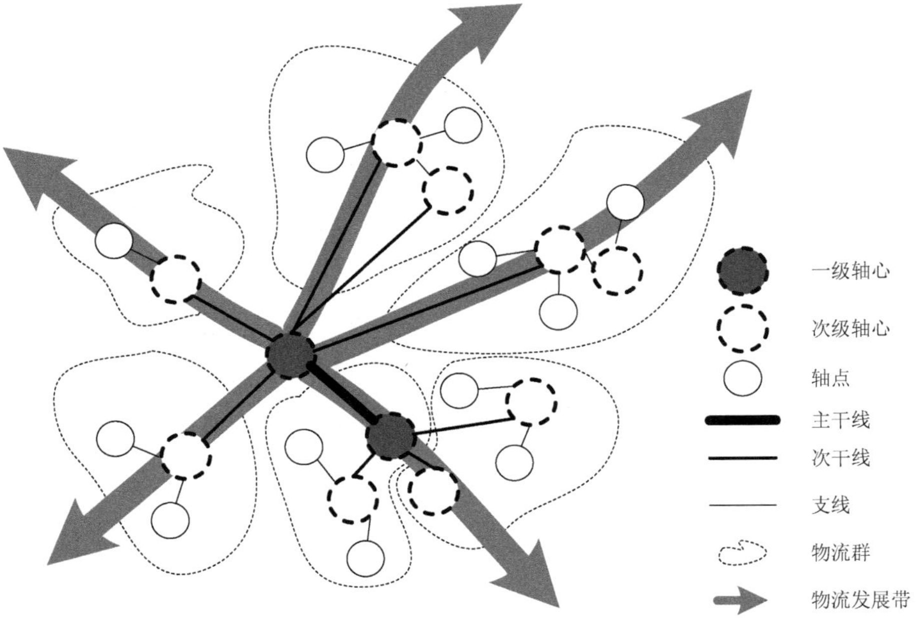

图 3-11　城市群物流节点体系示意图

1. 快递企业物流组织体系

按照国家标准，快递企业是指提供快速收寄、运输、投递单独封装的和有名字地址的快件或其他不需要储存的物品，按承诺时限递送到收件人或指定地点，并获得签收的寄递服务的实体组织。

根据快递服务的实际要求，快递企业往往将业务分为几个大区，如华北、华东和华南等；为便于组织收寄、运输、投递等业务高效运转，会在大区下每个主要城市设立市级设施，并将城市业务再分为几个片区，在区县级设立分部；最后在乡镇级根据交通条件和人口规模等情况，部分分部下设立点部设施。一般来说区域级和市级的设施多负责货物管理和中转职能，而区县级和乡镇级的设施多执行具体的业务操作和运输（宗会明等，2015）。通过对国内快递企业职能类型及快递服务设施规模、服务范围等情况进行分析（安童鹤等，2017），快递企业物流组织体系示意图如图 3-12 所示。

2. 基础设施型物流企业物流组织体系

基础设施型物流企业作为专业型的设施组织，主要是物流地产企业，以提供物流基础设施的运营管理服务为主，不像快递企业的设施分级组织，这类企业的设施分布无明显等级划分，更多呈现的是一种集散形态，如图 3-13 所示。

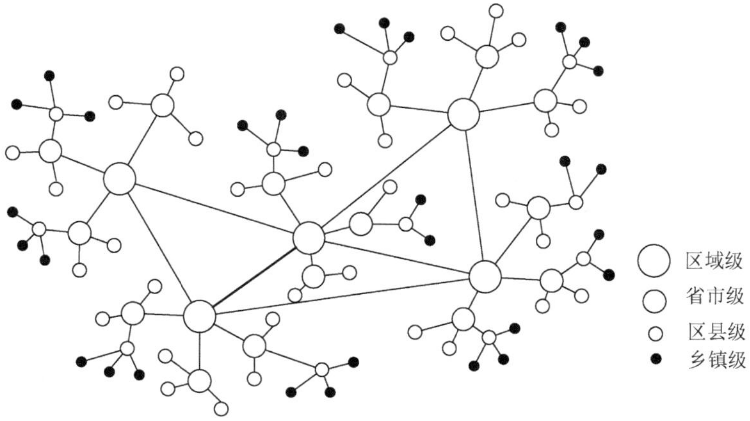

图 3-12　快递企业物流组织体系示意图

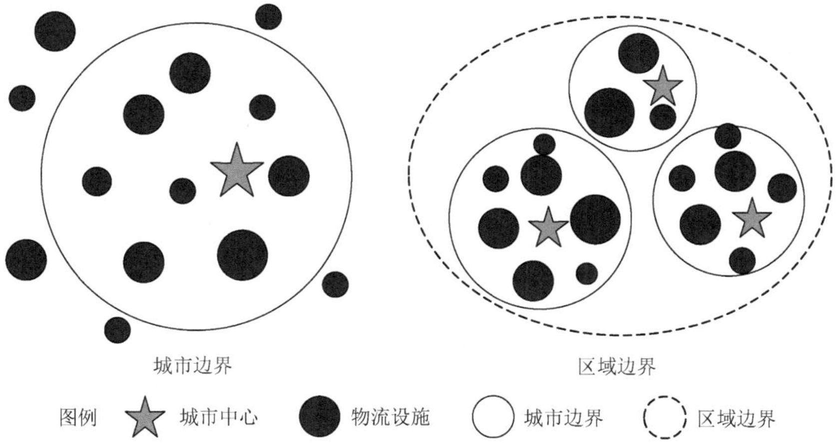

图 3-13　基础设施型物流企业物流组织体系示意图

物流地产商是物流基础设施建设和运营专业化发展的产物，其主要推动因素是高标准仓库的缺失以及旺盛的电商、高端制造需求。以典型的基础设施型物流企业——新加坡普洛斯集团（Global Logistic Properties，GLP）（简称普洛斯）为例，GLP 是全球领先的专注于物流、不动产、基础设施及其相关领域的公司，主要提供的是物流仓储服务，截至 2021 年，GLP 已经在中国 68 个地区市场拥有超过 4000 万 m^2 的物流及工业基础设施网络。物流地产选址主要考虑交通因素，在满足客户需求的前提下进行业务布局，优化物流体系以降低物流成本的需求，在中国长三角、珠三角、成渝、长江中下游城市群等地区，邻近机场、港口、高速公路等地聚集。其次考虑不同地区电商发展水平和高标仓库缺口等，在上海、苏州、天津、沈阳、广州和成都等重点城市物流设施布局的密度更高。

3. 综合型物流企业物流组织体系

综合型物流企业是指具备一定规模，从事运输、仓储、货运代理、配送、流通加工、信息服务等多种物流服务的实体组织，还可为客户制定系统化的物流解决方案，提供综合物流服务及其他增值服务。

从物流组织机构的设置来看，综合型物流企业在境内一般将区域子公司设立在各大城市，以满足该城市及周边区域的需求，而境内专业型子公司则依托核心城市建立，同一城市也可能同时设立区域子公司和专业子公司，境外子公司则根据具体业务需求在国外进行设立。综合型物流企业物流组织体系示意图如图 3-14 所示。

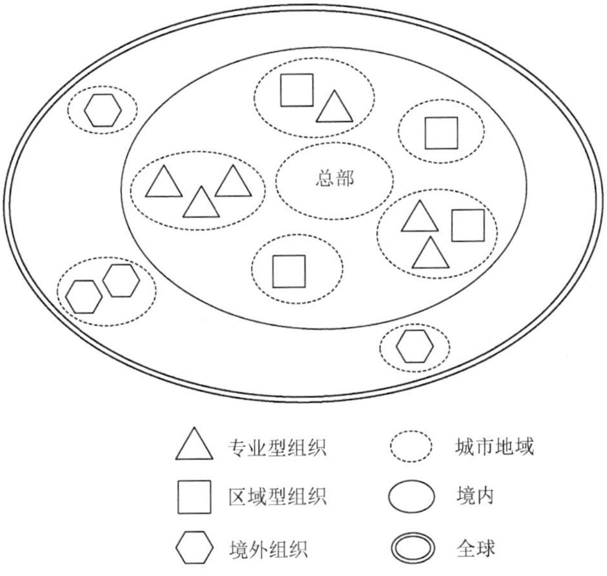

图 3-14　综合型物流企业物流组织体系示意图

以综合型物流企业中最典型的代表企业，即中国外运股份有限公司（简称中外运）为例，目前，中外运已成为全国综合运营能力最强、资源配套最完善的第三方物流商之一，通过在华东、华北等地设立区域子公司，在北京、深圳等地设立专业子公司，将业务辐射到全国；此外，也在韩国、日本、白俄罗斯等地开展其境外业务。

3.3　物流区位空间级联体系

从更宏观和全局视角来看，物流节点体系和物流组织体系的运行往往依赖核心节点或承载城市、关键运输通道或运营公司、关键企业或平台，从而形成高效的物流区位空间级联体系。

3.3.1　轴辐式体系

20 世纪 70 年代，美国学者提出的航空运输的"轴-辐"模式（星型结构）网络（hub- and-spoke network，HSN），受到了地理科学、运筹学、管理学、经济学、系统科学等领域学者的广泛关注，称为"轴-辐"组织模式。O'Kelly（1986）将枢纽定义为在网络中连接一系列具有相互联系节点的核心转运设施。在 HSN 研究中，他进一步认为枢纽的目的是提升具有相互关系的区域的连通性、降低网络建设成本、集中货物的拣选和搬运，实现规模经济。

"轴-辐"空间组织模式是指在空间级联系统中，诸多要素或单元在各自效力作用下某一单元逐渐形成枢纽轴心并与其所作用的节点间通过联系形成的"轮式"抽象空间关联模式。

随着城市群空间组织形态的出现，物流设施群逐步演化成具有空间组织与协调功能的物流枢纽（李国旗等，2015），其演化过程符合以城市群为核心的"轴-辐"模式（图 3-15）和以大城市群、世界级城市群为核心的"轴-辐"模式分形结构，如图 3-16 所示。

中欧班列铁路运输作为我国"一带一路"的重要通道支撑，已成为中国和欧洲贸易的主要运输方式之一。中欧班列散货拼箱依托武汉、成都、郑州、长沙、合肥、苏州等中欧班列起运站点，沿着丝绸之路往返于中国与欧洲，呈现出较明显的"轴-辐"模式。

重庆、成都、西安等城市在中欧班列运营过程中，通过与周边几十个城市间的相互合作，在国内形成以大型集货仓为核心，国外形成以海外仓为核心的国际班列物流服务网络，依托中欧班列形成的"轴-辐"式体系结构如图 3-17 所示。

3.3.2　平台式体系

陈威如等（2013）系统性地探讨了"平台"这个改变人类商业行为与生活方式的概念，解释了平台战略的建构、成长、进化、竞争、覆盖等战略环节。平台战略迅速成为政府、学术界和企业关注的焦点。平台生态圈、平台型组织等概念日渐兴起。在物流领域，平台化正重构物流企业组织架构以及催生一批以平台为商业模式的新兴物流企业。特别是在货运领域，以 G7、满帮、货拉拉等为代表的货运平台企业大量涌现，为从平台视角理解物流区位空间级联体系提供了丰富实践经验。

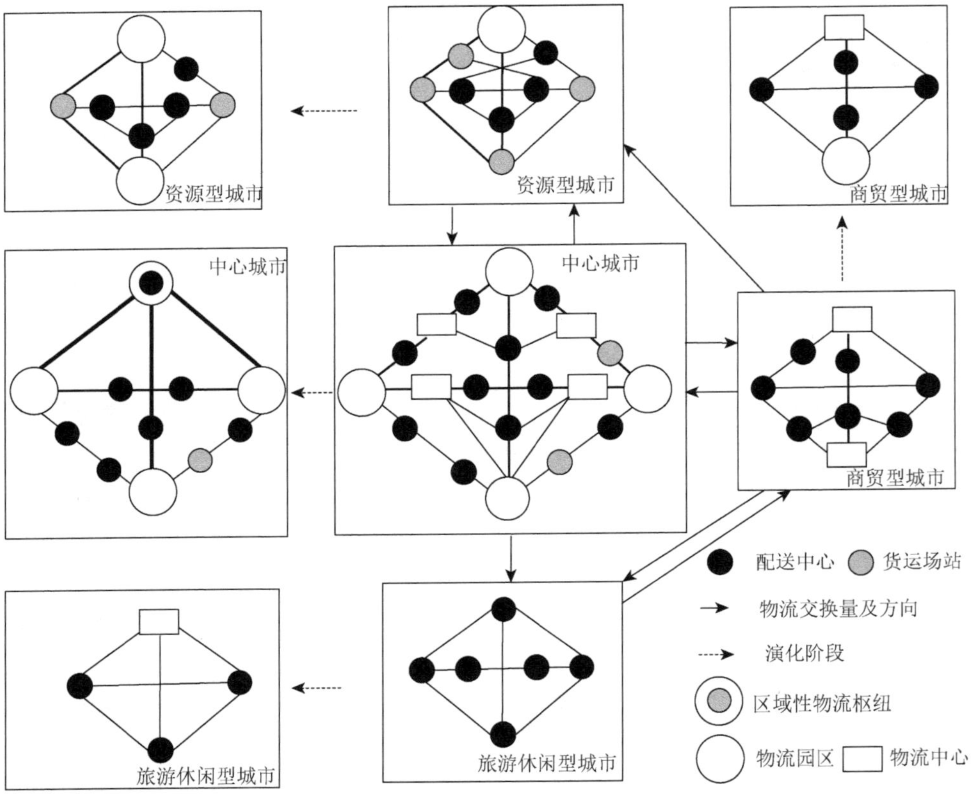

图 3-15　“轴-辐”模式下的区域性物流枢纽形成

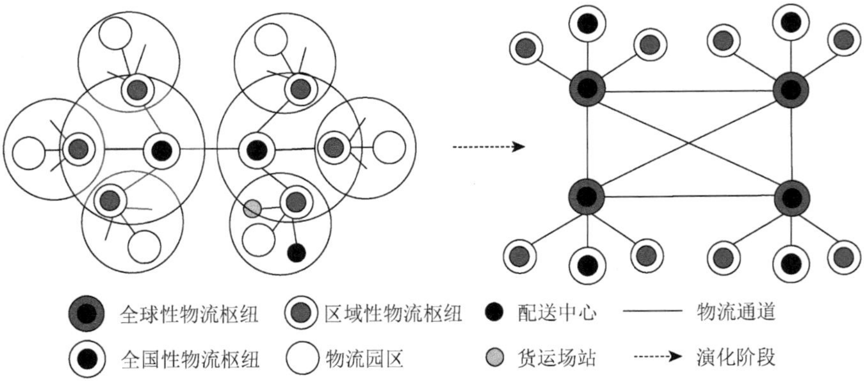

图 3-16　“轴-辐”模式分形结构下全国、全球性物流枢纽形成

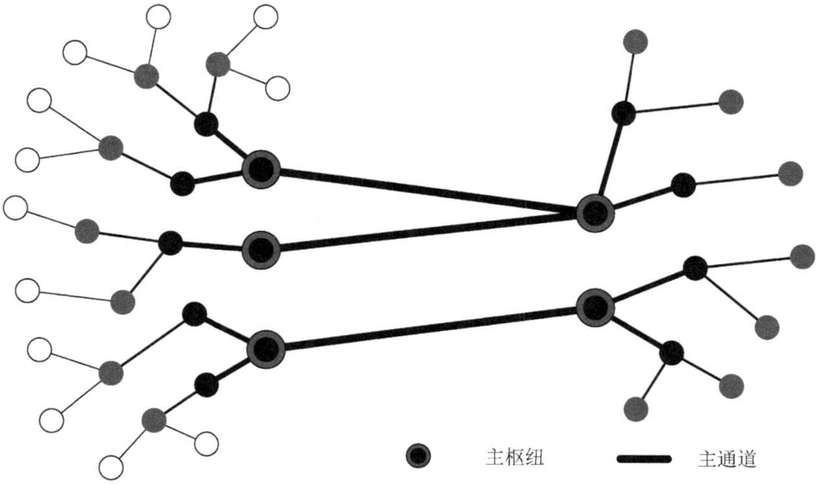

图 3-17　中欧班列形成的“轴-辐”式体系结构示意图

在数字化时代，物流网络的运作更大程度上依赖资源的高效配置，以及大量碎片化需求的有效整合和标准化，物流平台的出现致使物流供需匹配效率大大提升，并形成了新的空间关联体系。以菜鸟科技为例，其组建的主要目标是致力于提升全球化供应链能力，目前，通过与跨境物流企业合作，菜鸟全球物流网络覆盖能力可至全球 224 个国家/地区，跨境仓库数量达到 231 个，形成了六大主枢纽，其形成的平台式体系示意图如图 3-18 所示。

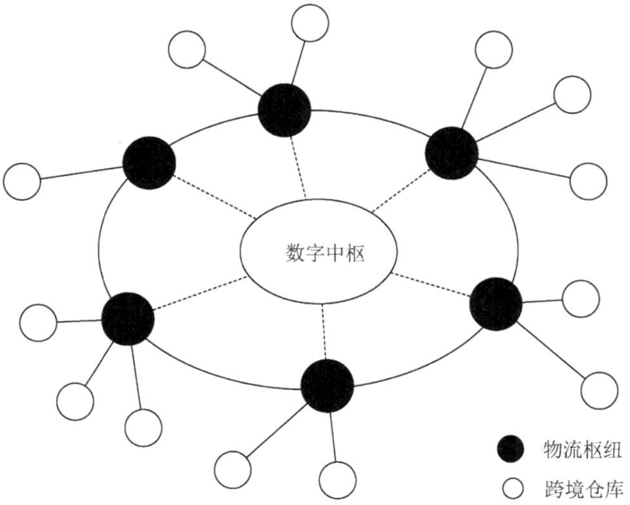

图 3-18　菜鸟科技形成的平台式体系示意图

参 考 文 献

安童鹤，沈锐，范小勇，2017. “互联网+”时代下城市快递服务设施布局研究：以天津市快递专业类物流设施布局为例[C]. 2017（第十二届）城市发展与规划大会论文集，海口：154-161.

陈威如，余卓轩，2013. 平台战略：正在席卷全球的商业模式革命[M].北京：中信出版社.

黄刚，陈鹤天，2017. 物流大生态：构建新零售时代的电商物流模式图[M]. 北京：机械工业出版社.

李国旗，刘思婧，2016. 大城市配送难的核心问题及策略[J]. 城市交通，14（5）：77-82.

李国旗，金凤君，刘思婧，2015. 物流枢纽形成的驱动力与演化机理[J]. 经济地理，35（4）：84-89.

毛海军，张永，李旭宏，2005. 物流企业分类模型[J]. 交通运输工程学报，5（2）：117-121.

汝宜红，田源，2014. 物流学[M]. 2 版. 北京：高等教育出版社.

沈艳丽，2007. 日本物流园区规划建设及对我国的启示[J]. 中国市场，（32）：75-76.

王成金，2008. 中国物流企业的空间组织网络[J]. 地理学报，63（2）：135-146.

王成金，李国旗，2016. 国际物流企业进入中国的路径及空间网络[J]. 人文地理，31（4）：72-79.

张锦，2009. 物流规划原理与方法[M]. 成都：西南交通大学出版社.

宗会明，周素红，闫小培，2015. 全球化下地方综合服务型物流企业的空间网络组织：以腾邦物流为案例[J]. 地理研究，34（5）：944-952.

Banks M R，1954. Capacity of Refrigerated Warehouses in the United States[M]. Washington：US Department of Agriculture，Agricultural Marketing Service.

Gattorna J L，2003. Gower Handbook of Supply Chain Management[M]. London：Routledge.

O'Kelly M E，1986. The location of interacting hub facilities[J]. Transportation Science，20（2）：92 - 106.

Tompkins J A，Harmelink D A，1994. The Distribution Management Handbook[M]. New York：Mcgraw-hill Companies.

第 4 章　物流区位演化的动因、模式与空间特征

物流区位的动态性是物流企业生命力旺盛的表现，物流区位演化受成本、关系等多重因素驱动，形成自组织、他组织等多种演化模式，并在城市范围内形成郊区化的物流景观。

4.1　物流区位演化的动因

4.1.1　成本动因

在物流区位演化的因素中，成本是企业考虑的主要因素。成本因素主要通过土地成本、劳动力成本和社会物流成本等作用于物流区位演化过程。

1. 土地成本

土地成本包括土地使用权取得费及土地开发费。物流活动的主要环节与土地密切相关。其中，物流园区、集装箱堆场等占地面积大的大型物流节点对土地成本尤为敏感。

土地成本因所在位置的自然地理环境、交通网络环境状况、与外部交通衔接状况和辐射范围经济状况的变化而改变。2012 年，财政部和国家税务总局联合出台了《关于物流企业大宗商品仓储设施用地城镇土地使用税优惠政策的通知》，对物流企业自有的，包括自用和出租的大宗商品仓储设施用地，按所属土地等级适用税额标准的 50%计征城镇土地使用税。

考虑到不同城市土地资源的紧缺程度不同，且物流发展方向存在差异，通过了解各主要城市的工业、商业服务（简称商服）等用地价格的差异和变化情况（表 4-1～表 4-3），有助于认识不同地区物流企业的土地成本差异。

表 4-1　2009～2018 年各地区主要城市工业用地价格　　（单位：元/m^2）

所属地区	城市	2009 年	2010 年	2011 年	2012 年	2013 年	2014 年	2015 年	2016 年	2017 年	2018 年
东部	北京	1198	1397	1520	1569	1623	2256	2370	2526	2692	2899
	上海	1204	1312	1437	1644	1780	1936	2145	2360	2506	2620

续表

所属地区	城市	2009年	2010年	2011年	2012年	2013年	2014年	2015年	2016年	2017年	2018年
东部	广州	493	530	555	577	627	756	811	893	1045	1181
	苏州	612	614	616	617	621	624	628	633	647	658
中部和东北地区	长沙	590	646	696	726	766	786	869	867	864	903
	长春	393	395	395	387	387	387	387	387	392	392
	武汉	694	730	761	764	809	830	863	882	896	914
	南昌	421	427	442	450	460	466	480	488	492	498
西部	重庆	562	557	572	572	564	570	574	580	588	596
	成都	653	656	676	685	705	719	726	729	742	843
	西宁	407	419	421	480	482	485	489	491	499	501
	西安	584	615	650	661	686	707	730	753	761	812

表 4-2　2009～2018 年各地区不同用途土地价格增速（%）

年份	商服			工业			综合		
	东部	中部	西部	东部	中部	西部	东部	中部	西部
2009	10.80	2.84	3.56	3.04	2.10	−0.37	7.79	3.75	4.08
2010	17.06	6.89	11.10	9.20	5.43	3.38	11.42	8.28	11.50
2011	12.56	5.71	11.98	5.08	3.55	4.54	6.87	5.28	7.28
2012	2.74	4.60	5.73	4.83	2.74	1.74	3.83	3.85	2.24
2013	8.51	11.96	7.65	7.35	4.34	2.90	9.96	9.62	5.80
2014	4.19	6.86	4.11	13.70	2.72	2.99	−54.04	5.91	2.45
2015	5.02	2.87	1.39	5.30	1.56	1.29	1.55	2.75	1.55
2016	6.33	4.29	1.53	6.18	1.07	1.75	2.14	5.04	2.14
2017	5.50	9.20	3.82	5.89	1.21	2.66	7.31	6.48	7.31
2018	4.34	6.45	5.87	6.72	1.80	2.59	6.09	5.56	6.09

表 4-3　2012～2020 年全国 105 个主要城市分用途用地供应占供地总量比例变化情况（%）

用途	2012年	2013年	2014年	2015年	2016年	2017年	2018年	2019年	2020年
商服用地	8.1	9.5	8.9	6.7	7.4	5.9	5.6	6	6.3
住宅用地	18.8	22.2	19.6	17.5	16.8	18.8	18.1	17.6	18.7
工业用地	30.1	28.4	25.3	22.4	25.6	23.4	21.2	23.5	24.1
其他用地	43	39.9	46.2	53.4	50.2	51.9	55.1	52.9	50.9

表 4-1、表 4-2 和表 4-3 数据来源：中国地价信息服务平台。

通过对表 4-1～表 4-3 的分析可以看出，工业用地价格中，上海、北京等东部特大城市的价格最高，是中西部地区的 3～7 倍。中西部和东北地区重点城市之间的土地价格差异较大，武汉、成都、西安相对较高，工业和商服用地供给量和价格增速均处于下降趋势，表明土地可供量偏紧。但物流业发展又大多集中在经济发达、用地紧缺的城市。因此，土地的集约高效利用和再利用成为物流区位布局面临的关键问题。特大城市的物流空间重构也会进一步促进物流活动郊区化。

2. *劳动力成本*

劳动力成本是物流企业因雇佣员工而支付的费用。物流企业的内部生产、内部协调和外部协调都离不开各类、各层次劳动力的支持。劳动力成本是物流企业诸多成本中的重要组成部分，也是最大的可控成本。了解不同地区交通运输、仓储和邮政业在岗职工平均工资水平（表 4-4），有助于认识不同地区物流企业的用工成本差异。

表 4-4　2011～2019 年部分省市交通运输、仓储和邮政业在岗职工平均工资（单位：元/年）

地区	城市	2011 年	2012 年	2013 年	2014 年	2015 年	2016 年	2017 年	2018 年	2019 年
全国	—	48639	53738	58561	63767	69113	73835	79536	90060	101079
东部	北京	58309	63885	70680	76809	80350	90172	95909	108271	124157
	上海	65620	68482	76286	88320	100062	109584	118346	127279	135570
	广东	55128	59172	70385	75964	82791	87537	93852	100738	108985
	江苏	38353	42841	56992	60765	66355	70719	75442	85099	100055
中部	湖南	35080	37518	40849	44437	48895	52982	56788	63929	88683
	湖北	38599	49746	43832	46832	51011	53277	60210	83788	91172
	江西	31281	30601	47346	50627	51108	52357	55287	82934	90921
西部	重庆	37887	43556	49851	54233	58645	62131	67009	74011	86723
	四川	39606	56141	59141	58976	64257	67292	74136	82138	100489
	青海	22861	28944	38659	48946	53231	54288	62019	68861	106989
	陕西	35482	43358	47986	48210	51798	54533	62384	89159	97133

数据来源：《中国劳动统计年鉴》（2011—2019）。

从表 4-4 可以看出，东部地区的北京、上海、广东的物流业平均工资水平高于全国水平，但不同地区之间的平均工资收入差距呈现逐步缩小的趋势。对于从事基础性物流服务的企业，劳动力成本并不是决定因素。

3. *社会物流成本*

社会物流成本又称宏观物流成本，是指全社会在一定时间范围内，为消除时间和空间障碍而发生的有价值的商品运动和静止行为所耗费的成本开支总额。社会物流成本总额与国内生产总值（gross domestic product，GDP）的比值是衡量一个国家或地区物流业发展水平和产业、运输、产品结构特征的基本指标。一个地区的社会物流成本总额占 GDP 的比重，能够在一定程度上体现该地区地理区位条件、产业结构、产品结构、运输结构等情况，成为不同类型物流企业布局的重要因素。了解不同地区社会物流成本总额占 GDP 比重，以及运输费用占比、全国水平对比情况（表 4-5），有助于认识不同地区物流市场运行效率和结构。

表 4-5　2019 年部分省（区）社会物流成本总额占 GDP 比重情况

地区	社会物流成本总额/亿元	运输费用占社会物流成本总额比重/%	社会物流成本总额占 GDP 比重/%	与全国水平比较/%
全国	146000	52.7	14.70	—
黑龙江	2246	52.9	16.50	1.80
内蒙古	2872.1	71.7	16.70	2.00
江苏	13702.7	48.0	13.80	–0.90
浙江	8938	35.3	14.33	–0.36
安徽	5530	70.2	14.90	0.20
河南	7391.1	56.4	13.60	–1.10
湖南	5982.7	48.0	15.10	0.40
海南	794.4	47.6	14.96	0.26
重庆	3463.9	62.1	14.70	0.00
四川	7097.4	56.4	15.20	0.50
山西	3038	61.8	17.80	3.10
宁夏	655	78.3	17.50	2.80

数据来源：《中国物流年鉴》（2020）。

从表 4-5 可以看出，东部沿海的江苏省、浙江省，以及中部河南省的社会物流成本低于全国平均水平，这些地区的运输费用占比相对较低。西部地区社会物流成本普遍高于全国平均水平，折射出西部地区运输结构、产业结构不尽合理的现状以及区位劣势。一般而言，运输成本占比越高，物流成本占 GDP 比重越高，这与运输方式密不可分，也决定了对交通运输方式依赖程度不同的物流企业集聚区域不同。

4.1.2　关系动因

物流区位演化除了受到成本因素影响，各类关系要素也发挥了重要作用。作为生产性服务业，物流区位的形成本质在于需求，也就是服务关系，只有存在服务关系，物流区位才能形成稳态。其次，社会关系、政企关系也会对物流区位演化起推动或抑制作用。

1. 服务关系

物流企业存在的目的是提供更多能满足客户要求的服务，以此来实现企业的持续稳定发展营收。因此，物流企业或者物流节点的选址往往与服务对象的布局相适应，即服务对象布局制约着物流节点的选择与布局，物流企业发展应为服务对象提供支撑。这种依赖关系和服务对象的布局决定着物流区位的演化方向。其影响表现在物流企业会集中在所服务企业附近，同时会随着所服务企业的迁移而迁移，例如，为成都龙泉驿区的汽车产业集群提供服务的龙泉物流中心集聚了大量与汽车服务相关的物流企业。在一个地区的物流规划方案中，物流业与制造业、商贸业的深度融合水平在一定程度上折射出地区物流空间布局的合理性。

2. 社会关系

物流企业的区位演化在一定程度上会受到组织和个人社会关系的影响。物流企业作为社会中的组织在企业的成长、发展和资源获取方面都会与社会中其他组织产生联系。这些联系体现在物流企业经营的各个方面，在一定程度上会在物流企业的职能设置和布局中表现出来，如京东集团的京东云华东数据中心与京东宿迁的客服中心，这些设施的区位选择与公司创始人家乡情怀密不可分。京东选择在宿迁建立客服中心，并不是源于宿迁当地的区位优势，而是由其决策者的个人意愿决定的。类似的物流设施建设，在快递物流行业、冷链物流行业也均有体现。

3. 政企关系

大型物流节点选址的主体是政府，其运营是否成功一定程度上折射出政府规划行为和企业经营行为是否趋于一致。政府是公共基础设施的主要建设者和提供者，物流所需基础设施离不开政府的支持、建设、维护。完善的基础设施可以保证物流企业的有效发展，政府制定的法律法规、行业标准、土地政策、贸易政策、税收政策、交通管理政策等也都密切影响到物流节点的形成与演化。政府和企业建立的良性互动关系有利于形成公平有序的市场环境，从而促进物流区位的稳定。

营商环境往往体现在政企关系是否和谐，是政企行为是否趋同的主要判别标准。为衡量不同国家的物流营商环境，世界银行定期发布各国物流绩效报告。例如，2018 年发布的全球物流绩效指数，对全球 160 个国家和地区的绩效情况进行排名，排名由海关和边境管理清关的效率、贸易和运输基础设施的质量、国际货运、物流竞争力、货物追踪、物流及时性六个关键指数构成，每个指数满分为 5 分，其中，德国连续三次位居全球物流绩效指数排名第 1 位，中国的全球物流绩效指数综合得分为 3.61 分，全球排名为第 26 位。从单项得分情况来看，中国单项得分较高的两项是物流及时性（为 3.84 分），以及贸易和运输基础设施的质量（为 3.75 分）；单项得分最低的两项是海关和边境管理清关的效率，为 3.29 分（井朗索瓦·阿维斯，2018）。

从城市尺度来看，根据中国物流与采购联合会发布的《2018 年全国重点城市物流绩效第三方评价报告》，中国主要城市物流营商环境排名情况如表 4-6 所示。

表 4-6　2018 年全国主要城市物流营商环境排名情况

排名	排名指标							
	物流需求	基础设施	经营成本	市场环境	经营便利度	政策环境	城市信用	物流绩效评价
1	上海	上海	郑州	厦门	厦门	厦门	上海	重庆
2	北京	北京	西宁	重庆	青岛	青岛	厦门	上海
3	宁波	广州	重庆	青岛	重庆	重庆	深圳	北京
4	苏州	南京	兰州	上海	济南	上海	北京	武汉
5	深圳	天津	南昌	苏州	苏州	杭州	广州	深圳
6	重庆	武汉	合肥	济南	武汉	深圳	杭州	广州
7	广州	大连	长春	杭州	海口	西安	乌鲁木齐	厦门
8	天津	深圳	哈尔滨	深圳	宁波	成都	太原	苏州
9	杭州	杭州	贵阳	郑州	长沙	大连	西安	南京
10	郑州	重庆	长沙	海口	南宁	北京	苏州	大连

4.2　物流区位演化的模式

4.2.1　他组织模式

物流区位的演化过程往往因受到外部环境的干预而不断调整。他组织模式指的是物流区位的演化决策中起决定作用的因素是外部环境因素，而非企业内部经营因素。外部环境因素主要包含政策因素、市场因素和重大基础设施因素等几个方面。政策因素多为政府物流土地政策的调整、城市空间结构的调整等；市场因素主要为需求市场变化、竞争对手变化等；重大基础设施因素主要为铁路、公路等重大基础设施建设所带来的机遇与挑战等，与政策因素也有一定联系。在这些影响因素中，最常见的是政府行为对于物流区位选择产生的影响。政府行为与物流区位演化关系如图 4-1 所示。

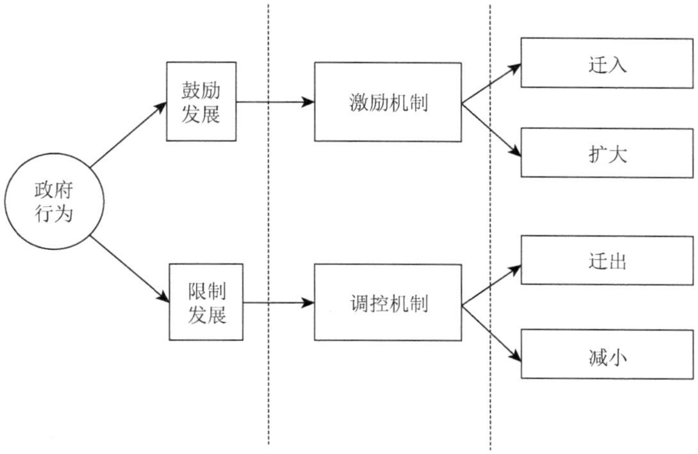

图 4-1　政府行为与物流区位演化关系

一方面，城市空间规划和物流基础设施规划会直接影响物流企业的区位演化过程。为发挥物流业在促进产业结构优化升级、改善城市招商环境等方面的作用，减轻物流活动对交通、环境等的影响，很多地方政府开展了定期的物流发展规划来指导公共物流设施的空间布局，并结合城市国土空间规划促进物流区位的动态性变化，这些措施将对物流企业的演化造成重要影响。另一方面，政府部门也可以通过出台物流业方面的政策和法规对物流区位的选择产生促进或限制发展。政府部门可以采取发布优惠发展政策或减税的方式来吸引物流企业迁入目标区位，同时也可以采取调整土地供给和价格等来限制物流设施或物流企业的迁入。

4.2.2　自组织模式

自组织模式是指物流区位的重构是企业根据经营业务发展所形成的结果，外部环境不是关键因素。企业主体为实现自身系统效用最大化而选择进行区位演化是企业发展的必然结果。从企业不同发展阶段来看，不同的经营行为导致的物流区位演化如图 4-2 所示。

物流企业的自组织演化主要体现为市场拓展、技术革新、资源转移和组织变革四种行为，并重点通过初创、注销、兼并、重组、合作和出售六种方式影响物流企业的区位演化过程。例如，企业由于技术革新而选择合作的方式组成战略联盟以跟随技术革新的过程，物流企业选择组成战略联盟的方式来共用物流设施以降低企业技术革新的门槛。企业出于市场拓展的考虑在新的区位发展物流业务，此时企业可以在目标市场新设立物流设施或兼并当地的物流企业来达到目的。

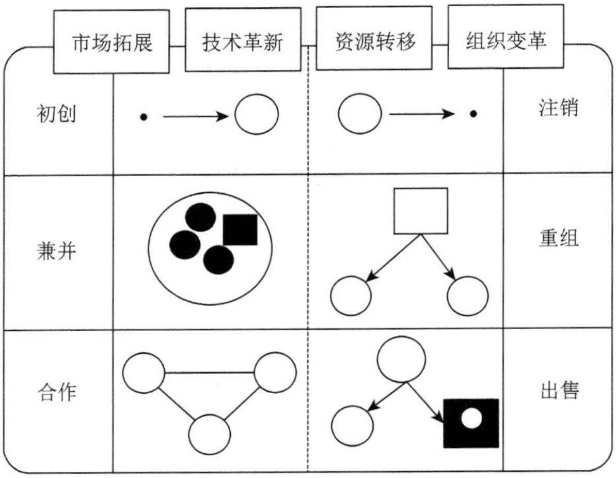

图 4-2　企业经营行为与物流区位演化关系

4.2.3　混合式模式

在大多数情况下，物流区位演化过程的自组织模式和他组织模式常常不是单独存在的，物流区位演化是内部经营行为和外部政策、环境等共同作用的结果。物流区位演化过程往往受到成本和关系等多方面的影响，这些影响合力决定最终的演化进程和方向。特定的物流区位并不能同时满足所有的内外约束，最终决策是权衡各方面因素而做出的较优选择。

4.3　物流区位演化的空间特征

对于绝大多数大中城市，物流区位演化多呈现郊区化的特征，这与物流产业用地要求、交通条件、环境和交通压力等密切相关。国外学者对欧洲、美国、日本等地的三十余个城市的实证数据研究都已充分印证物流蔓延的郊区化现象（Bowen，2008；Yang，2022）。中国学者对国内二十余个城市的实证数据研究，以及对大多数城市物流发展规划形成的空间格局演化也印证了郊区化进程。但在物流空间演化过程中，郊区化更多的是物流节点，并非物流企业的商务办公职能，且这种向外的扩散并不是均匀进行的，在扩散的同时也会根据区位特征等因素进行再度分散和集聚。依据不同的区位条件和政策因素，不同城市会逐渐形成新的物流空间格局，总体而言，物流区位的演化形成的空间特征主要包括近郊化和远郊化两种情形，少部分带状、多中心城市的郊区化进程相对滞后或难以有效测度。

4.3.1　近郊化

近郊化过程是指物流区位演化的过程中选择在城市外围邻近中心城区的区位建立物流节点的过程。物流设施近郊选择的首要考虑因素是降低土地使用成本或仓储成本的同时保证物流响应速度。物流区位近郊化演化过程又存在集中化和分散化两种方式。其中，集中化有利于提高物流土地集约利用程度，实现多样化服务和设施的集聚，促进物流稀缺资源的共享，有利于发挥集聚规模优势，但物流过度集中会导致企业远离服务对象、增加运输成本等。分散化发展是在近郊化过程中，设置数量较多的公共物流设施或配置更分散的物流用地，或者不开展统一的物流规划，由物流企业自主选择迁入地，更靠近服务对象以提高服务的反应速度和效率，但过度分散会导致公共资源过于分散，难以发挥集聚效应。

通过对典型城市的物流节点规划布局进行分析可以发现，成都市采取的是近郊化后再集中的模式，在近郊区的新都、龙泉、双流、青白江等地设置大型物流园区，均起到了积极的集聚效应。以“十一五”物流规划布局的青白江集装箱物流园区、青白江散货物流园区为例，这两个园区在发展过程中已整合成现在的成都国际铁路港，该铁路港内集聚了铁路口岸、多式联运海关监管中心、综合保税区、自贸区、国家经济开发区、中欧班列等大量公共物流资源，深圳、武汉等城市在物流节点布局规划中，将重点聚焦于建设门户型物流枢纽和物流枢纽港，实现集约高效发展。西安市则采取的是近郊区相对分散模式，在《大西安现代物流业发展规划（2018—2021 年）》中，一个国际物流枢纽港（西安陆港）、四大区域枢纽物流园（临潼、沣东新城、鄠邑秦渡、长安引镇）和 8 个物流中心（新丰、高陵、经开、秦汉、三桥、高新、灞桥、航天）均设置在近郊区，数量相对较多，企业可选择空间大，但可能导致的问题是企业集聚数量不够，土地集约利用效率有待提高。

4.3.2　远郊化

远郊化过程是物流企业在物流区位演化的过程中选择远离中心城区的区位建立物流节点的过程，做出这种选择的动因有便利的交通资源、政策支持和更低的土地价格等。随着经济的发展，由于城市用地成本上升幅度大于运输费用的上升幅度，或者为了构建更高效的物流通道，寻找交通便利的地点建立物流节点成为一些物流企业的选择，物流产业也随之集聚并形成远郊物流产业集群，对于土地资源紧张的特大城市，政府物流规划也会鼓励远郊化的布局行为。远郊化过程主要存在卫星城市和城市新区两种模式，大多为相对集中布局模式，主要适用于土地资源相对紧缺的特大城市的物流空间扩张，以及依托物流业促进城市新区发展。典型城市包括上海、北京等。例如，上海物流业逐步向嘉定区、松江区、青浦区以及昆山、太仓、嘉兴等周边城市转移；对北京物流企业和物流节点的 POI 数据分析也表明，大兴区作为经济开发区布局地，物流节点占比为 20%，与经济开发区物流需求量的实际相吻合，政府规划的大型物流园区离市中心的平均距离约为 25km（李国旗等，2017）。作为北京市物流业转移的重点城市，廊坊市成为各大物流地产公司高标准化仓库的重要布局地。在京津冀协同发展背景下，廊坊正全力打造成京津冀区域性物流枢纽城市。

参 考 文 献

李国旗，金凤君，陈娱，等，2017. 基于 POI 的北京物流业区位特征与分异机制[J]. 地理学报，72（6）：1091-1103.

让-弗朗索瓦·阿维斯，2018. 世界银行物流绩效指数报告[M]. 王波译. 北京：中国财富出版社.

Bowen J T Jr，2008. Moving Places：The geography of warehousing in the US[J]. Journal of Transport Geography，16（6）：379-387.

Yang Z，Chen X，Pan R，et al.，2022. Exploring location factors of logistics facilities from a spatiotemporal perspective：A case study from Shanghai[J]. Journal of Transport Geography，100：103318.

第 5 章　物流区位的基本理论模型

物流区位的形成是内因和外因共同作用的结果。物流区位的类型、职能和资产特性决定了物流区位影响的重要性程度差异；不同影响因素又反过来对物流区位的类型、职能和资产配置提出要求。因此，从内外两个方面构建区位基本理论模型，有助于推动物流区位理论体系的构建和发展。

5.1　物流区位的三角形理论模型

物流企业或物流节点本身具有的内在属性是物流区位选择和差异化景观形成的内因。在物流区位分类与影响因素分析的基础上，考虑物流区位类型差异，从节点类型、企业职能以及资产配置三个角度构建物流区位的三角形理论模型，如图 5-1 所示。

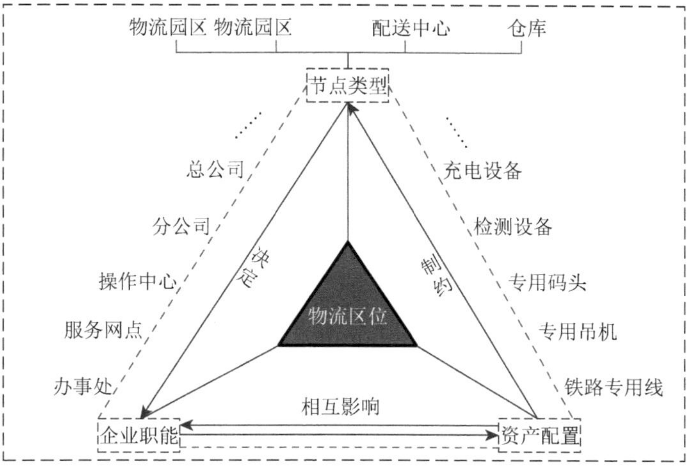

图 5-1　物流区位的三角形理论模型

5.1.1　节点类型属性

节点类型分异是导致物流区位分异的重要因素。不同类型的物流设施对交通条件的依赖程度不同，传统的货运场站、机场、口岸等对物流区位形成的作用并未明显减弱。不同类型的物流节点能够提供的服务内容、服务时效性不同，各种运输方式的技术经济特征有助于物流节点选择适当的运输方式进行货物运输，从而形成了物流空间的节点类型分异。

物流节点可划分为物流园区、物流基地、物流中心、货运场站、空港货运场站、港口码头、配送中心、分拨中心、仓库、自取点、智能终端等诸多类型。不同类型物流节点的规模、功能、服务对象、资产配置要求等均有差异。其中，高速公路出入口和公路货运场站往往成为物流中心和配送中心布局地；铁路货运场站及口岸周边的物流园区或物流基地规模往往更大，航空货运场站多成为快递分拨中心的布局地，类型分异显著。除了交通条件，城市不同区域适合布局的物流节点类型也不同，规模越大的物流节点越趋向于布局在城市外围，以民生服务为主的物流节点更靠近中心城区。物流节点的类型繁杂正是物流专业化分工的具体表现，也造就了物流空间的多样化景观。

5.1.2　企业职能属性

物流企业职能是物流企业组织建构过程的产物。公司规模、经营业务、服务范围等往往决定了企业职能类型的多少。例如，宗会明等（2015）、王成金等（2016）的研究表明，物流企业职能类型可多达 16 种。李国旗等（2017）对基于 POI 的北京物流业区位特征的分析表明，物流企业的职能类型可简化为行政办公、经营管理和操作执行三类。其中，行政办公职能多集中于公司总部、区域总部，对地租敏感度最低，多布局于城市中央商务区（central business district，CBD）；经营管理职能集中于分公司、办事处、信息中心、事务所等，对地租的敏感度中等，多布局于近郊的商贸和工业集中地；操作执行职能多集中于转运中心、操作站、物流中心等，对地租的敏感度较高，多位于近郊乃至远郊的公共物流节点。北京物流企业和物流节点呈现的“中心边缘、近郊和远郊交错”空间格局即是职能分异的充分体现。物流企业的职能分异有助于对物流组织体系及空间联系的认知。

5.1.3　资产配置属性

资产配置对物流节点和物流企业区位的重要程度正逐步提高，并改变人们对既有物流区位的认识。物流节点和物流企业通过资产配置差异化以满足服务对象的需求，促进分工专业化，进而形成物流空间的对象分异。物流资产按照变现难易可划分为流动资产和固定资产，按照形态可划分为无形资产和有形资产，按照专用性程度可划分为专用性资产和通用性资产（熊德章等，2010），专用性资产主要包括铁路专用线、专用吊机、专用码头、检测设施、充电设施等。

其中，铁路专用线主要位于运输大宗货物的大型工矿企业附近沿海港口以及新建物流园区的内部；专用码头主要位于专供固定货物和流向货物进行装卸的港口码头。在物流竞争的初级阶段，专用性资产的投入对物流企业网络构筑和竞争力形成具有重要作用，并反过来固化物流企业和物流节点区位。资产还对物流节点的类型形成制约，例如，危险品仓库往往布局于能提供检测设施的区域并远离居住区以保证危险品仓储的安全；陆港型物流园区往往布局于能提供铁路专用线的区域，以满足大宗货物的中长距离运输需求。

5.2　物流区位的菱形理论模型

物流区位的影响因素众多，结合国内外物流企业、物流节点区位选择和空间格局的理论与实证成果，可将影响物流区位的关键因素归纳为 6 个方面，分别为经济因素、交通因素、集聚因素、土地因素、信息因素、关系因素。通过构建物流区位影响因素的菱形理论模型（图 5-2），有助于系统解释不同类型物流区位的形成机制。

5.2.1　经济因素

经济是物流区位形成的需求来源，经济对物流区位的影响主要体现在经济总量和产业结构两个方面。衡量经济总量的主要指标有 GDP、社会消费品零售总额、进出口总额等。其中，GDP 往往能体现一个地区或城市的经济总体水平，GDP 越大，表明区域物流需求量越大，对物流区位的形成起到促进作用，绝大多数经济发达的城市均是物流空间的主要承载地区。产业结构是指各产业的构成及各产业间的联系和比例关系。在产业结构中，第三产业所占比重越高，往往说明产业结构就越合理。当然，其对物流区位形成的影响需要从正反两个方面来认识。首先，第三产业的比重越大，表明服务业越发达，越能够为物流业发展提供良好的外部环境，特别是越有助于办公职能的物流总部布局。其次，表明该地区处于后工业化或工业化后期，制造业所占比重相对较低，甚至出现了制造业空心化现象，如果该地区不能在提供集散、中转和物流研发等方面具有独特优势，将会对区域内部大型物流设施的发展起到抑制作用，并出现物流企业外迁的现象。

5.2.2　交通因素

交通是物流区位形成的先决条件，良好的交通通达性有利于物流企业和物流节点提高物流组织效率，拓展物流市场。因此，大型物流节点和物流企业区位的

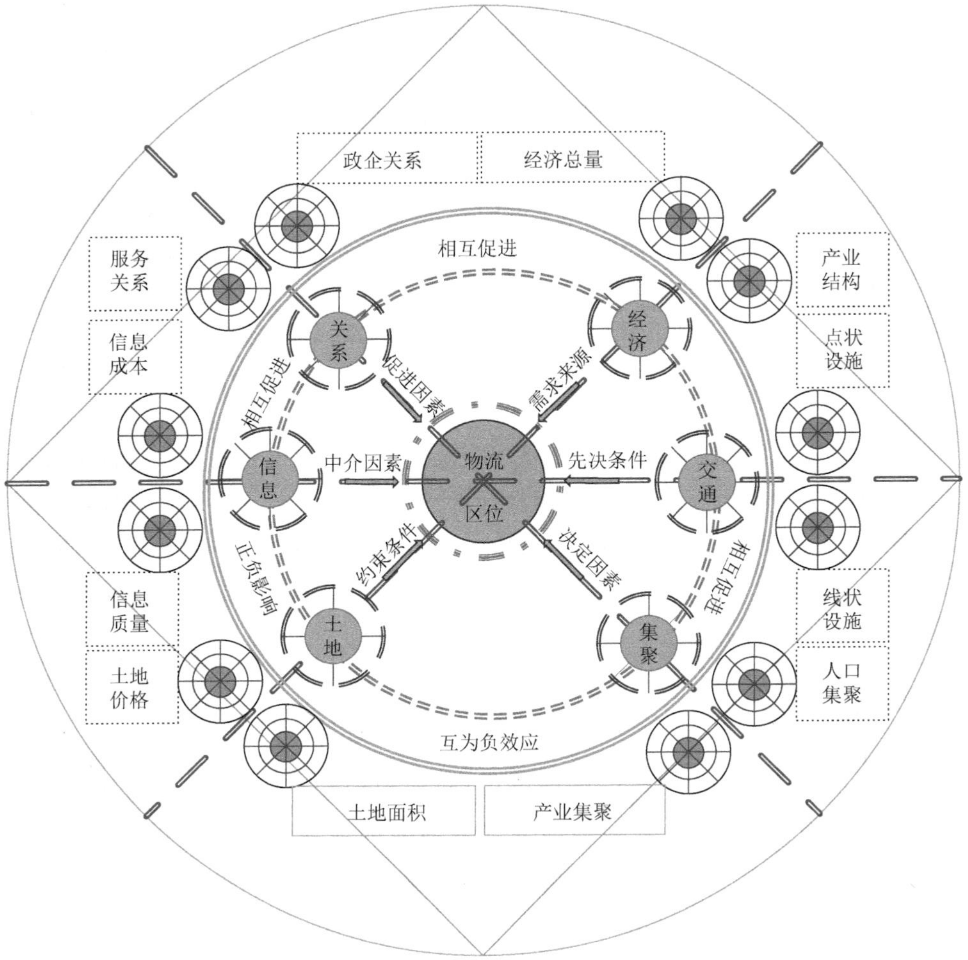

图 5-2　物流区位的菱形理论模型

选择往往对大型交通设施及交通区位条件有依赖性。一般而言，交通设施主要分为点状和线状两种类型，其中点状交通设施如港口、码头、机场、货运场站附近是物流活动较为密集的区域，大量物流节点和企业邻近点状交通设施布局以便于同水路、铁路、航空等交通方式开展多式联运，并且以最短的时间进行物流装卸、搬运和换载；此外邻近点状交通设施有利于直接收集卸载货物的货源信息，在增强市场反应能力的同时减少市场交易成本。线状交通设施主要有铁路线、公路线等，高速公路作为最便捷的物流通道，对物流区位的形成有重要作用，物流企业倾向于在高速公路出入口进行布局，从而实现城市内部物流和区域物流的集散，降低时间成本。

5.2.3　集聚因素

王成金（2014）认为集聚是物流区位形成的决定因素，以需求为导向的物流业与人口、产业存在密切的空间联系。为了获得更大的市场份额，物流企业和物流节点往往主动靠近人口集聚和产业集聚地区。人口集聚通过促进商业活动的集中带来了大量的货流量，形成了规模不等的批发市场区，对商贸型物流企业和物流节点布局起着决定作用。产业集聚对物流区位的影响主要表现在制造业和商贸业的集聚，制造业的集聚对物流区位的影响体现在制造业与物流业深度融合创新发展，并促进物流企业转型升级，以提高响应市场需求变化和为客户提供高水平综合物流服务的能力、降低物流企业经营成本，从而促使大量生产服务型物流企业和物流节点选择在制造业集聚区附近布局；商贸业的集聚对物流区位的影响体现在商贸业与物流业融合创新发展实现“前店后库”，减少大量的短途倒运，提高物流运行效率和服务水平，从而使得大量商贸服务型物流企业和物流节点布局在批发、零售、住宿、餐饮、居民服务等商贸业集聚区周边。

5.2.4　土地因素

土地是物流区位形成的重要约束条件，为满足物流企业和物流节点布局的需要，专门设置了仓储物流用地的类别。当然，在实际物流区位布局中，往往会根据建设和服务内容的不同，使用工业用地乃至商贸用地来开展物流活动。与其他产业不同，物流活动的投入产出效率、投资强度均较低，因此不同地区在物流用地供给方面存在较大差异。城市规模越大，土地价格越高的地区，仓储物流用地短缺越严重。土地对物流区位的影响主要通过土地价格和土地面积实现。从土地价格角度看，相较于高附加值产业，物流产业由于对地租价格更为敏感而更倾向于地租低的区位，以降低土地使用成本，大量物流企业选择在城市外部的近郊和远郊进行布局。从土地面积角度看，不同类型的物流企业和物流节点对土地规模的需求程度有所差别，综合型物流企业、仓储型物流企业及物流园区、物流基地占用土地规模很大，所需土地面积在市区难以满足，往往分布于地价低、土地资源充足的城市郊区。货运代理企业、物流信息企业、配送中心及配送终端由于占地面积小，经营利润较大，倾向于在城市内部进行布局。此外，土地对物流集聚具有显著的负效应，土地价格越高的地方，可供使用的土地面积越少，往往难以形成物流产业集聚。

5.2.5　信息因素

信息对物流区位的形成具有促进作用，信息可以有效提升物流产业运作效率，降低物流运作成本（王静，2008）。信息对物流区位形成的引导作用体现在两个方面：①物流企业和物流节点通过靠近制造产业、流通产业和消费市场，能够及时了解市场需求，降低信息活动成本，获得更多的物流服务订单并降低市场交易成本；②通过靠近信息设备制造业、信息服务业、软件业，能够为物流企业及节点提供信息设备、软件和信息服务，提高信息质量，实现物流活动过程中的技术创新和产品创新，促进管理水平的提高和物流运营成本的降低。

5.2.6　关系因素

政企关系和服务关系对物流区位的形成具有促进作用，良好的政企关系将营造有利于物流企业经营的营商环境，从而增强物流区位的稳定性。政企关系对物流区位的吸引主要体现在区域物流政策，城市出台的环境类政策（新能源政策、夜间配送政策和限行政策）、社会经济类政策（投资政策、人才引进政策）、供需类政策（政府土地政策、税收政策）都会对物流区位的形成产生重要影响。例如，新能源政策短期内可能会增加企业的经营成本，但也会促进物流企业的转型升级和高质量发展（申轲雨，2019）。政府物流发展规划编制越早或者促进物流业发展的配套支撑政策越完善的地区，物流企业和节点的数量往往越多，且覆盖范围越广。服务关系对物流区位的促进作用主要体现在企业间签订契约合同进行物流区位布局，例如，厦门华商纵横物流投资有限公司采用企业联盟的方式与厦门海投物流有限公司、马士基物流（中国）有限公司、美国总统轮船（中国）有限公司、达飞轮船（中国）有限公司等企业进行合作，构筑了集装箱运输、仓储和配送的全球服务网络（王成金，2014）。

总体而言，物流区位的形成是多因素共同作用的结果，各因素间存在着相互作用关系，经济发展水平高的地区往往拥有较好的营商环境，物流企业和物流节点能以较低的成本获取较高的市场信息，从而有利于促进物流区位的形成。此外，优越的交通条件将带来人口和产业的集聚，但会加剧区域内部不同用地间的紧张状态，对物流区位的形成具有正反两方面的影响。

参 考 文 献

李国旗，金凤君，陈娱，等，2017. 基于 POI 的北京物流业区位特征与分异机制[J]. 地理学报，72（6）：1091-1103.

申轲雨，2019. 物流政策对提升城市物流竞争力的影响研究[D]. 北京：北京交通大学.

王成金，2014. 物流企业的空间网络模式与组织机理[M]. 北京：科学出版社.

王成金，李国旗，2016. 国际物流企业进入中国的路径及空间网络[J]. 人文地理，31（4）：72-79.

王静，2008. 物流信息化下信息产业与物流产业的交互关系[J]. 情报杂志，27（5）：25-27.

熊德章，刘乔乔，2010. 资产专用性理论的回顾与反思[J]. 现代管理科学，（5）：75-78.

宗会明，周素红，闫小培，2015. 全球化下地方综合服务型物流企业的空间网络组织：以腾邦物流为案例[J]. 地理研究，34（5）：944-952.

第 6 章　仓储业的区位选择与地域差异

仓储活动作为物流系统运作的核心环节，对深入认识物流区位动态性具有重要意义。从全球、区域和地方多个尺度认识仓储企业的区位特征及选择模式，有助于揭示全球供应链视角下仓储活动区位演化特征。从全球尺度来看，高端仓储活动主要集中在东亚、西欧和北美地区，布局的城市普遍具有经济发达、交通区位条件优越以及人口覆盖范围较广的特点，城市群密集地区和交通走廊地区成为布局的重点；从典型国家来看，中国仓储业市场规模和就业人数均位居全球第一，但在人均通用仓储面积上，与美国和日本仍有一定差距，特别是以冷链为代表的高端仓储方面差距较大。从重点企业布局和规模特征可以看出，中国和日本的仓储活动主要集中在人口密集的城市群，美国呈现较明显的交通依赖性。在仓储区位扩张过程中，交通区位条件优越的省会城市、港口城市是布局的首选，中国物流企业加快进入东盟、日本物流企业加快进入中国，均表明东亚和东南亚地区正形成更紧密的经贸和物流联系，有利于高水平自贸区的建设；京津冀城市群作为国内最具影响力的城市化地区，在京津冀一体化和协同发展推动下呈现出显著的区位动态变化。

6.1　供应链扩张下物流枢纽及其仓储市场

在全球经济一体化和贸易活动全球化背景下，供应链、产业链和价值链相互交织融合，全球供应链网络逐步形成，仓储体系作为全球供应链网络运行的核心，从城市和企业双重视角可较为全面地反映全球尺度下的物流区位变化及其特征。

6.1.1　全球物流枢纽城市

作为全球商业地产领域的知名咨询服务机构，世邦魏理仕长期追踪全球物流仓储设施变化情况。以其 2018 年发布的《全球优质物流地产租金报告》中确定的 71 个城市（区域）为研究对象，可较全面地反映全球供应链扩张下的核心物流枢纽城市及社会经济关联关系。

1. 亚洲物流枢纽城市

亚洲物流枢纽城市集中在中国（17 个）、日本（1 个）、韩国（1 个）、新加坡

（1 个），共 20 个城市，数量占全球物流枢纽城市的比例为 28%，低于 2018 年亚洲地区占全球约 36%的 GDP，以及占全球约 60%的人口占比。上述城市的城区人口约占亚洲城市总人口的 10%，GDP 约占亚洲总 GDP 的 30%，人均 GDP 水平是全亚洲平均水平的 3 倍左右，是亚洲地区融入全球供应链的核心纽带。其中，中国、日本、韩国三国物流枢纽城市经济发展催生的巨大物流需求仍然是仓储租金的重要影响因素。作为全球航运中心的新加坡、中国香港受制于实际发展空间，人口相对较少，是导致仓储租金偏高的重要驱动要素。

按照仓储租金水平，上述城市分为三级：

（1）极高租金城市如中国香港和东京[租金＞19 美元/(米^2 • 月)]；

（2）高租金城市如上海、新加坡、北京、深圳、首尔[租金＞8 美元/(米^2 • 月)]；

（3）中高租金城市如广州、苏州、杭州、武汉、宁波[租金＞6 美元/(米^2 • 月)]，以及中等租金城市如重庆、成都、天津、沈阳、无锡、南京、大连、青岛[租金＜6 美元/(米^2 • 月)]。其中，苏州市的仓储租金在所有地级市中排名第一，主要原因是苏州 GDP 总量位居全国第 7 位，在中国城市综合经济竞争力排名中名列第 6 位。作为中国和新加坡政府间第一个合作项目，中新苏州工业园区 2016～2018 年连续在国家级经济开发区综合考评中位列第一，申请建设的综合保税区是由国务院批准成立的中国首家内陆型综合保税区，物流业国际化水平位居全国前列。亚洲物流枢纽城市平均租金水平为 8.83 美元/(米^2 • 月)，体现了经济活动对高品质仓储的巨大需求以及大城市较高的仓储成本压力。

在全球产业分工以及全球供应链体系变革中，越南、泰国、印度尼西亚、马来西亚以及印度等国家有望进入并诞生新的物流枢纽城市，亚洲地区占全球的货运比重和经济比重将进一步提升，与人口、GDP 比重相适应。

亚洲地区 2018 年物流枢纽城市的基本情况如表 6-1 所示。

表 6-1　亚洲地区物流枢纽城市的基本情况

仓储租金全球排名	国家	城市/区域	城市性质/级别	人口/百万	GDP/十亿美元	仓储租金/[美元/(米^2 • 月)]
1	中国	香港	Alpha+	7.24	416	30.99
3	日本	东京	首都/Alpha+	37.47	1617	19.96
4	中国	上海	直辖市/Alpha+	25.58	594	10.51
6	新加坡	新加坡	首都/Alpha+	5.54	366	10.16
8	中国	北京	首都/Alpha+	19.62	506	9.78
15	中国	深圳	副省级/Alpha−	11.91	363	9.08
18	韩国	首尔	首都/Alpha	9.96	846	8.62
27	中国	广州	副省级/Alpha	12.64	380	7.55

续表

排名	国家	城市/区域	城市性质/级别	人口/百万	GDP/十亿美元	仓储租金/[美元/(米^2·月)]
28	中国	苏州	地级市/Beta−	5.37	339	7.55
42	中国	杭州	副省级/Beta+	6.66	220	6.33
43	中国	武汉	副省级/Beta	8.18	232	6.31
47	中国	宁波	副省级	3.39	179	6.1
49	中国	重庆	直辖市/Beta−	14.84	316	5.92
50	中国	成都	副省级/Beta+	8.81	234	5.86
54	中国	天津	直辖市/Beta	13.21	372	5.69
57	中国	沈阳	副省级/Beta−	6.50	189	5.46
58	中国	无锡	地级市	2.99	212	5.42
59	中国	南京	副省级/Beta	7.39	203	5.34
60	中国	大连	副省级/Beta−	4.95	199	5.17
65	中国	青岛	副省级/Beta−	5.04	209	4.79
合计	—	20	—	217.29	7992	8.83（平均租金）
亚洲占全球比例/%	—	—	—	约 10	约 30	—

1. Alpha 为希腊字母表中第 1 个字母的名称，Beta 为希腊字母表中第二个字母的名称。城市级别来自于 2018 年全球化与世界城市研究网络（Globalization and World Cities Study Group and Network，GaWC）发布的世界城市名册，下同。

2. 表中的人口、经济数据如无特别说明，均为 2018 年的统计或预估数据。由于不同国家的统计存在差异，为便于对比分析，人口数据来自 https://worldpopulationreview.com/, 它是一个联合国管理的公共数据集(Quantifying the spatial homogeneity of urban road networks via graph neural networks | Nature Machine Intelligence，Nature 期刊也有文章使用)。经济数据来自 2018 年美国鲁金斯学会与摩根大通公布的全球城市监控（Global Metro Monitor）数据，基础数据来自英国牛津经济研究院，下同。

2. 欧洲物流枢纽城市

欧洲物流枢纽城市集中在德国（5)、英国（4)、荷兰（3)、西班牙（2)、俄罗斯（1)、法国（1)、捷克（1)、瑞典（1)、匈牙利（1)、意大利（1)、波兰（1)、比利时（1）这 12 个国家中的 22 个城市，占全球物流枢纽城市的比例达 31%，上述物流枢纽城市人口约占欧洲总人口的 10%，GDP 占比超过 20%，物流枢纽城市所在地区人均 GDP 是欧洲平均水平的 2 倍左右。除莫斯科外，其余枢纽城市均处于欧盟区域内。与中国中欧班列连接的主要城市有伦敦、汉堡、马德里、鹿特丹、布达佩斯、蒂尔堡、阿姆斯特丹、莫斯科、柏林、米兰、华沙、安特卫普，城市占比超过 50%，充分体现了中欧高效陆上物流网络体系已基本形成，中欧班列对全球供应链运作有重要的支撑作用。

按照仓储租金水平，上述城市分为三级：

（1）极高租金城市如伦敦[租金＞19 美元/(米^2・月)]；

（2）高租金城市如斯德哥尔摩、慕尼黑、米德兰（伯明翰）、曼彻斯特/利物浦、巴塞罗那、法兰克福、利兹/谢菲尔德[租金＞8 美元/(米^2・月)]；

（3）中高租金城市如汉堡、鹿特丹、巴黎、杜塞尔多夫/科隆、马德里、布达佩斯、布拉格等[租金＞6 美元/(米^2・月)]以及中等租金城市华沙、安特卫普。总体而言，欧洲物流枢纽城市相比亚洲物流枢纽城市其人口和经济密度较低，人口总规模和城市面积较小，致使欧洲地区仓储租金水平普遍较高。欧洲物流枢纽城市平均租金为 8.25 美元/(米^2・月)，较亚洲稍低。

未来，随着中国与俄罗斯、中东欧地区经济合作的深化，俄罗斯的圣彼得堡，以及中东欧地区的波兰、罗马尼亚、保加利亚、匈牙利、捷克等国家有望诞生新的物流枢纽城市。总体而言，欧洲人口、经济占世界比重将稳中有降，欧洲内部物流枢纽分化将加剧。

欧洲地区物流枢纽城市的基本情况如表 6-2 所示。

表 6-2　欧洲地区物流枢纽城市的基本情况

仓储租金全球排名	国家	城市/区域	城市性质/级别	人口/百万	GDP/十亿美元	仓储租金/[美元/(米^2・月)]
2	英国	伦敦	首都/Alpha++	9.05	8357	22.35
5	瑞典	斯德哥尔摩	首都/Alpha–	1.58	1430	10.29
9	德国	慕尼黑	省会/Alpha–	1.50	2199	9.62
11	英国	米德兰（伯明翰）	城市群/Gamma+	1.78	—	9.46
12	英国	曼彻斯特/利物浦	Beta–	2.69 0.89	—	9.46
13	西班牙	巴塞罗那	省会/Alpha–	5.49	1710	9.28
17	德国	法兰克福	Alpha	0.76	2300	8.66
19	英国	利兹/谢菲尔德	省会/Gamma	1.83 0.72	—	8.41
22	德国	汉堡	州级市/Beta+	1.79	1614	7.97
30	荷兰	鹿特丹	Gamma+	1.01	3210	7.45
31	法国	巴黎	首都/Alpha+	10.90	7151	7.45
32	德国	杜塞尔多夫/科隆	省会/Beta+	0.62 1.10	—	7.42
33	西班牙	马德里	首都/Alpha	6.50	2623	7.22
35	匈牙利	布达佩斯	首都/Alpha–	1.76	—	6.87
36	捷克	布拉格	首都/Alpha–	1.29	—	6.67
38	荷兰	埃因霍温/蒂尔堡/芬洛	第五、六大城市	0.32 0.34	—	6.59

续表

排名	国家	城市/区域	城市性质/级别	人口/百万	GDP/十亿美元	仓储租金/[美元/(米 ^{2} • 月)]
39	荷兰	阿姆斯特丹	首都/Alpha–	1.13	1540	6.53
40	俄罗斯	莫斯科	首都/Alpha	12.41	5533	6.5
41	德国	柏林	首都/Beta	3.55	1577	6.39
44	意大利	米兰	省会/Alpha	3.13	3121	6.3
56	波兰	华沙	首都/Alpha	1.77	1411	5.5
61	比利时	安特卫普	Beta–	0.46	—	5.15
合计	22			74.37	43776	8.25（平均租金）
欧洲占全球比例/%				约 10	＞20	

米德兰城市群主要包括伯明翰、考文垂、莱斯特等；芬洛人口数据缺失。

3. 美洲物流枢纽城市

美洲物流枢纽城市集中在美国（11）、加拿大（4）、墨西哥（4）、阿根廷（1），巴西（1）、智利（1），占全球物流枢纽城市的比例约为 30%。上述物流枢纽城市的人口约占美洲总人口的 20%，GDP 约为 30%。总体而言，美洲物流枢纽城市所在地区人均 GDP 比美洲平均水平高出 50%，实现了更广泛的人口覆盖，但仅集中在北美自贸区以及拉丁美洲的阿根廷、巴西与智利（简称 ABC 三国）。

按照仓储租金水平，分为三级：分别是高租金城市如奥克兰、洛杉矶/橘郡、新泽西[＞8 美元/(米 ^{2} • 月)]；中高租金城市如布宜诺斯艾利斯、温哥华、西雅图、南佛罗里达、圣地亚哥、卡尔加里[＞6 美元/(米 ^{2} • 月)]，以及中等租金城市/区域如内陆帝国、墨西哥城、圣保罗、宾州 I-78/81 通道、华瑞兹城、蒙特利尔、多伦多、休斯敦、芝加哥、蒙特雷、巴希奥、亚特兰大和达拉斯-沃斯堡等。其中，新泽西作为美国第四小以及人口密度最高的州入选；南佛罗里达作为城市群入选；宾州 I-78/81 通道作为物流通道经济带入选；内陆帝国作为全美洲第 12 大，加利福尼亚州第 3 大都会区，特别是大洛杉矶区域的物流职能城市入选，这体现了美国高端仓储物流网络总体处于东西海岸及近岸地区。墨西哥的华瑞兹城作为边境城市，巴希奥作为内陆制造中心入选，体现了在全球经济一体化背景下，专业分工与产业链转移的新动向。其次，在美国传统物流与交通枢纽城市，孟菲斯、芝加哥、亚特兰大、达拉斯-沃斯堡、堪萨斯城、阿莱恩斯中，仅有芝加哥、亚特兰大、达拉斯-沃斯堡等入选，且均处于中等仓储租金水平，这与美国充裕的用地资源和较低的人口密度密不可分，美洲物流枢纽城市平均租金水平为 6.1 美元/(米 ^{2} • 月)，在四大洲中最低。

未来，随着拉美地区经济的发展，以及南方共同市场与欧盟、中国、美国等主要经济体联系的加强，将可能诞生新的物流枢纽城市，北美自贸区物流枢纽城市有望保持稳定。

美洲地区物流枢纽城市的基本情况如表 6-3 所示。

表 6-3　美洲地区物流枢纽城市的基本情况

仓储租金全球排名	国家	城市/区域	城市性质/级别	人口/百万	GDP/十亿美元	仓储租金/[美元/(米^2·月)]
7	美国	奥克兰	旧金山湾区/港口	1.56	—	9.96
16	美国	洛杉矶/橘郡	Alpha	12.35	860.5	8.88
20	美国	新泽西	纽约都会区	18.65	1404	8.26
24	阿根廷	布宜诺斯艾利斯	Alpha	14.97	315.9	7.6
25	加拿大	温哥华	Beta+	2.53	109.8	7.56
26	美国	西雅图	Beta–	3.26	267.5	7.56
29	美国	南佛罗里达	城市群/Alpha	5.84	262.7	7.49
45	智利	圣地亚哥	首都/Alpha–	6.68	171.4	6.25
46	加拿大	卡尔加里	Beta	1.48	—	6.2
51	美国	内陆帝国	城市群	—	—	5.76
52	墨西哥	墨西哥城	首都/Alpha	21.58	403.6	5.74
53	巴西	圣保罗	省会/Alpha	21.65	430.5	5.74
55	美国	宾州 I-78/81 通道	近费城、纽约等都市区	5.60 1.72	346.5 138.4	5.5
62	墨西哥	华瑞兹城	边境城市	1.42	—	5.13
63	加拿大	蒙特利尔	Alpha–	4.17	155.9	5.04
64	加拿大	多伦多	省会/Alpha	6.08	276.3	5.04
66	美国	休斯敦	Alpha–	5.66	483.2	4.79
67	美国	芝加哥	Alpha	8.77	563.2	4.75
68	墨西哥	蒙特雷	省会/Beta–	4.48	122.9	4.64
69	墨西哥	巴希奥	内陆制造中心	1.71	—	4.61
70	美国	亚特兰大	Beta+	5.16	294.4	3.88
71	美国	达拉斯-沃斯堡	Beta+	5.72	412.7	3.88
合计	—	—	—	161.04	7014	6.1（平均租金）
美洲占全球比例/%	—	—	—	＞20	约 30	—

洛杉矶/橘郡、内陆帝国人口使用 Los Angeles-Long Beach-Santa Ana 替代；新泽西人口使用 New York-Newark 替代；南佛罗里达使用 Miami 替代；宾州 I-78/81 通道使用费城、匹兹堡替代；巴希奥使用 León de los Aldamas 替代。洛杉矶/橘郡 GDP 仅统计了洛杉矶；新泽西 GDP 使用纽约替代。

4. 大洋洲物流枢纽城市

大洋洲的物流枢纽城市集中在澳大利亚（6）和新西兰（1），占全球物流枢纽城市的比例约为 10%。这些物流枢纽城市的人口占大洋洲总人口的 40.9%左右和 GDP 的 45%以上，大洋洲物流枢纽城市主要集中在澳大利亚的国家和地区经济中心。除了澳大利亚、新西兰，其他国家多为发展中国家，人口、国土面积和经济水平均决定了其不能承担大规模物流仓储职能。

按照租金水平可以分为两级：高租金城市包括悉尼、奥克兰、布里斯班[＞8 美元/(米 ^{2} • 月)]，以及中高租金城市包括堪培拉、珀斯、阿德莱德、墨尔本[＞6 美元/(米 ^{2} • 月)]。

未来，如果澳大利亚和新西兰能持续强化与中国、欧洲、美国、日本等主要经济体的经贸联系，其物流枢纽的地位仍将保持稳定，但新增物流枢纽城市的难度较大。

大洋洲地区物流枢纽城市的基本情况如表 6-4 所示。

表 6-4　大洋洲地区物流枢纽城市的基本情况

仓储租金全球排名	国家	城市/区域	城市性质/级别	人口/百万	GDP/十亿美元	仓储租金/[美元/(米 ^{2} • 月)]
10	澳大利亚	悉尼	省会/Alpha+	4.79	223.4	9.61
14	新西兰	奥克兰	Beta+	1.56	49.5	9.21
21	澳大利亚	布里斯班	省会/Beta	2.34	120.6	8.14
23	澳大利亚	堪培拉	首都	0.45	—	7.78
34	澳大利亚	珀斯	省会/Beta+	1.99	134.0	6.89
37	澳大利亚	阿德莱德	省会/Gamma+	1.32	59.1	6.66
48	澳大利亚	墨尔本	省会/Alpha	4.77	178.4	6.02
合计				17.22	765	7.76（平均租金）
大洋洲占全球比例/%				约 40.9	＞45	

从全球供应链和产业链分工背景下各大洲物流枢纽城市的分布可以看出，亚洲地区仍然处于快速发展阶段，欧洲地区内部调整加快且中东欧地区具有一定增长机会，美洲和大洋洲趋于稳定，非洲地区虽未入选，但随着中非合作的深化以及“一带一路”倡议下互联互通水平的提高，其有望成为全球供应链体系中的新节点，从而逐步发展出全球性的物流枢纽城市。

6.1.2 典型企业物流网络及仓储体系布局

在全球经济和贸易活动一体化的背景下，跨国企业的仓储物流网络构筑基本成型，通过对典型企业的物流网络布局体系和仓储体系构筑过程进行解析，有助于认识全球尺度下的企业仓储区位布局特征。

1. 菜鸟全球物流网络布局

为支撑阿里巴巴世界贸易电子平台的建设，实现中国 24 小时、全球 72 小时必达的高效运作目标，菜鸟网络以杭州总部为基础，面向电商新兴业务发展迅猛的东盟、俄罗斯乃至欧洲地区，根据业务基础、区位条件、便利化程度等原则，重点建设杭州、吉隆坡、迪拜、列日、莫斯科和中国香港六大全球物流枢纽（eHub）。

马来西亚是“一带一路”沿线国家销往中国数量增长最快的国家之一，是最早加入阿里巴巴世界贸易电子平台的国家。2018 年阿里巴巴开始在马来西亚设立办公室，包括阿里云、菜鸟网络、Lazada 等多个业务板块。其中，Lazada 是东盟地区最大的在线购物网站之一，主要面向印度尼西亚、马来西亚、菲律宾以及泰国用户，2016 年被阿里巴巴收购。作为马来西亚首都，进入 Alpha 级城市的吉隆坡作为东盟地区枢纽入选。作为中东地区中央和唯一进入 Alpha+城市的迪拜，阿里巴巴在该处建有数据中心，且成立了合资公司 Yvolv，可实现世界所有的大陆之间，以及世界各大航空公司之间转机，具备向非洲大陆全面覆盖的能力。

比利时作为欧洲首个加入阿里巴巴世界贸易电子平台的国家，阿里巴巴在当地成立了电商贸易中心，并进行物流基础设施投资。比利时列日地处伦敦-布鲁塞尔-柏林 TGV 道路上 7 条公路支线网的正中心，是欧洲地理中心，具备向欧洲大陆快速分拨的能力。

俄罗斯是“一带一路”沿线地区最大的电商市场和全球仅有的 7 个互联网用户过亿的国家之一。根据电子商务企业协会最新数据，2018 年俄罗斯电子商务市场规模达到 1.66 万亿卢布，其中，2018 年达到了 59%的空前增长率，近三年市场增长率约为 20%。其中，网上跨境销售市场呈增长趋势，2018 年有 3.8 亿件包裹从外国商店运抵俄罗斯客户手中（与 2017 年相比增加了 30.1%），来自中国的商品占全部外国订单的 92%，莫斯科与莫斯科州占比达 1/3。选择莫斯科作为 eHub 六大全球物流枢纽之一，能够更好地响应快速增长的市场需求，也有利于向周边地区覆盖。阿里巴巴速卖通早在 2012 年就已正式进入俄罗斯，2019 年，阿里巴巴与俄罗斯主权财富基金 RDIF、俄罗斯移动运营商 Megafon、俄罗斯互联网巨头 Mail.ru Group 在俄罗斯和独立国家联合体成立了合资企业 AliExpress Russia，以整合电子商务平台和主要互联网消费者，为消费者创建了一站式平台和在线生态系统。

香港作为中国的特别行政区，是全球第三大金融中心，重要的国际金融、贸易、航运中心和国际创新科技中心，2020 年被 GaWC 评为世界一线城市第一位（Alpha+），以中国香港为 eHub 六大全球物流枢纽之一，有利于实现向亚太、欧洲和美国地区的全面覆盖，增强了物流网络的抗风险能力。菜鸟物流已经与中国航空集团公司、圆通速递投资约 15 亿美元建设世界一流的数字物流中心，每年可处理数千万件跨境电商包裹。

2. 普洛斯全球仓储网络体系布局

普洛斯是全球领先的专注于供应链、大数据及新能源领域新型基础设施的产业服务与投资管理公司。2019 年，GLP 被评为年度最佳全球公司和年度最佳物流投资者，资产管理规模超过 1200 亿美元。

从全球尺度看，普洛斯的物流设施分布在美国（1345）、中国（219）、日本（94）、巴西（59）和欧洲（35）。美国和中国是普洛斯物流布局的重要区域。从建筑面积看，中国和美国共占据了全球近 80%的设施建筑面积，其次是日本（9.5%）、巴西（7.7%）和欧洲（4.0%），如表 6-5 所示。

表 6-5　GLP 全球地区物流枢纽概况

洲或国家	国家或地区	物流园区数量/个	建筑面积/万 m^2	建筑面积合计/万 m^2 及占比/%
中国	东北	13	122	1854/41.1
	华北	25	233	
	华东	111	930	
	华南	23	211	
	华中	22	135	
	西北	5	45	
	西南	20	178	
美国	西部	483	321	1703/37.7
	中部	420	530	
	东部	442	852	
日本	关东	48	256.1	430.2/9.5
	关西	23	105.3	
	东北	8	17.5	
	中国地方[①]	6	22.1	
	中部	5	15.9	
	北海道	2	3.5	
	九州	2	9.8	

续表

洲或国家	国家或地区	物流园区数量/个	建筑面积/万 m^2	建筑面积合计/万 m^2 及占比/%
巴西	圣保罗	38	212.02	349.51/7.7
	里约热内卢	8	86.65	
	阿雷格里港	3	30.19	
	库里蒂巴	2	4.92	
	阿拉卡茹	1	4.83	
	累西腓	2	4.19	
	贝洛奥里藏特	1	2.46	
	维多利亚	1	1.65	
	若昂佩索阿	1	1.14	
	巴西利亚	1	1.04	
	戈亚尼亚	1	0.42	
欧洲	英国	9	49.7	178.2/4.0
	德国	7	69.4	
	法国	11	41.2	
	西班牙	3	11.3	
	荷兰	5	6.6	

数据来源：普洛斯公司网站。①为日本的一个区域，由 5 个县组成，与我国无关。

从地区尺度看，在中国，普洛斯的物流园区主要集中在华东地区，数量为 111 个，建筑面积为 930 万 m^2，分别占全国的 50.7%和 50.2%，普洛斯在中国的布局主要集中在华东地区，主要原因是华东地区地处长三角地带，地区经济发展繁荣，为物流地产的布局提供了大量需求。在美国，普洛斯的地产设施在西部、中部和东部处于较为平均的分布，西部、中部、东部物流园区数量分别占比 35.9%、31.2%和 32.9%。但从建筑面积上看，东部约占全国的 50%，主要原因是美国东部地区为国家经济发展繁荣地带，为物流地产的布局提供了大量需求。在日本，普洛斯主要布局在关东地区，其物流园区数量和建筑面积分别占比 51.1%、59.5%。在巴西，普洛斯主要布局在圣保罗和里约热内卢，其物流园区数量和建筑面积分别占比 78%和 85.5%。在欧洲，普洛斯主要布局在法国（11 个）、英国（9 个）和德国（7 个），在建筑面积上，分别占比约 23%、27.9%和 39%。

总体而言，普洛斯布局偏好于美国、日本、欧洲发达国家和中国、巴西等人口大国，以及发展潜力较强的国家。可以分为三类：第一类是美国及欧洲等发达国家或地区，发展水平均衡，设施分布均匀；第二类是中国、巴西等发展中国家，偏好经济水平发展好的地区，物流设施分布不均；第三类是日本，高度集中于东京（关东）、大阪（关西）等主要人口集中地区。

3. 安博全球仓储体系布局

安博（Prologis）是一家全球领先的物流地产公司，总部位于美国加利福尼亚州旧金山市，专门从事全球物流基础设施的开发运营管理。截至 2019 年，安博所持物业覆盖美洲、欧洲和亚洲，在全球范围内管理着 970 亿美元的资金以及约 7200 万 m^2 的地产，构建了覆盖全球主要物流枢纽、工业园区和城市配送中心等战略节点的高效物流网络，客户包括制造商、零售商、运输公司、第三方物流提供商和其他有大型物流配送需求的企业。

从全球尺度看，安博的物流设施分布在美国（2710 个）、中东欧地区（捷克、匈牙利、斯洛伐克、波兰，213 个）、中国（169 个）、法国（118 个）、英国（116 个）、德国（96 个）、比荷卢经济联盟（荷兰、比利时，83 个）、日本（53 个）、意大利（50 个）、西班牙（40 个）、墨西哥（40 个）、瑞典（32 个）、巴西（10 个）、加拿大（2 个）、新加坡（1 个）。美洲和欧洲是其布局的重要市场，美洲物流设施数量占全球地区物流设施数量的 74%，欧洲为 20%，亚洲为 6%。在各国物流设施数量占全球地区物流设施数量的比例中，美国占比最高，为 72.6%，其次是中国，为 4.5%，第三是法国，为 3.2%，安博市场高度集中在美国。

可租赁设施数量和可租赁面积可以在一定程度上反映出安博全球布局市场的供需状况。截至 2019 年 7 月，从可租赁设施数量排名看，排名前五的分别是美国（371 个）、中东欧地区（41 个）、墨西哥（33 个）、法国（17 个）、日本（14 个）和比荷卢经济联盟（荷兰、比利时，14 个），可以分为两类：一类是墨西哥，其余均为发达国家和地区，虽然当前有空闲设施，但墨西哥作为人口大国，经济处于快速发展中，未来需求潜力巨大；另一类是美国、中东欧地区、法国和日本等发达国家和地区，经济发展速度放缓，人口增速下降，未来需求潜力较小，因此出现供大于求的现象。从可租赁面积看，排名前五的国家和地区分别是美国（292.38 万 m^2）、墨西哥（223.98 万 m^2）、日本（56.49 万 m^2）、中东欧地区（33.62 万 m^2）和法国（21.02 万 m^2），排名前五包含的国家和地区类似可租赁设施数量排名，如表 6-6 所示。

表 6-6　安博全球地区物流设施概况

洲	国家或地区	物流设施数量/个	可租赁设施数量/个	可租赁面积/万 m^2
亚洲	中国	169	0	0
	日本	53	14	56.49
	新加坡	1	0	0

续表

洲	国家或地区	物流设施数量/个	可租赁设施数量/个	可租赁面积/万 m^2
欧洲	中东欧地区	213	41	33.62
	法国	118	17	21.02
	英国	116	7	3.64
	德国	96	9	4.11
	荷兰、比利时	83	14	8.93
	意大利	50	0	0
	西班牙	40	8	6.01
	瑞典	32	0	0
美洲	美国	2710	371	292.38
	加拿大	2	1	—
	墨西哥	40	33	223.98
	巴西	10	7	14.58
合计		3733	522	664.76

数据来源：https://www.prologis.com。

由当前安博全球地区物流设施概况可以发现，安博在发达国家和地区的设施数量逐渐趋于饱和，未来发展空间较小。在发展中国家中，其布局可租赁设施数量还存在很大的缺口，是未来发展的重点区域。

6.2　典型国家和地区间仓储市场及网络化过程

中国、美国、日本作为全球主要经济体，对其仓储业发展整体水平与主要企业网络建设的认识有助于从国家层面认识仓储网络体系的特征。以中国物流企业进入东盟地区以及日本企业进入中国为例，有助于认识在供应链网络构筑过程中，重点地区间仓储网络的扩张过程。

6.2.1　典型国家仓储业发展水平

仓储业是物流市场的重要组成部分，是表征经济运行质量的重要指标。通过重点选取仓储费用、通用仓储面积、冷库容积、高标仓储区域分布、仓储企业总量、仓储业资产总额、仓储业从业人数以及仓储企业发展水平等指标，认识中国、美国、日本仓储业发展状况。

1. 中国

从仓储费用来看，2011～2017 年仓储费用从 2.9 万亿元增长到 3.9 万亿元，增幅达 34.48%，仓储费用占物流总费用的比例由 34.94%下降到 32.23%，表明仓储市场规模稳步增大，仓储业运行质量有所提升，如图 6-1 所示。

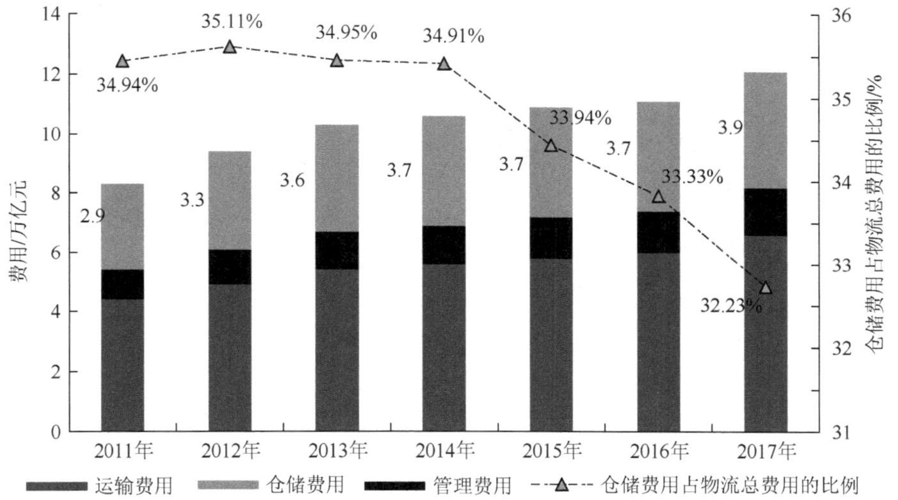

图 6-1　2011～2017 年中国社会物流总费用及其构成

从仓储面积角度来看，2013～2017 年，中国仓储业营业性通用（常温）仓储面积由 8.7 亿 m^2 增长到 10.38 亿 m^2，呈现逐年增长的态势；从冷库容积来看，2013～2017 年，冷库容积从 8345 万 m^3 增长到 13531.9 万 m^3，增幅达 62.16%，如图 6-2 所示。

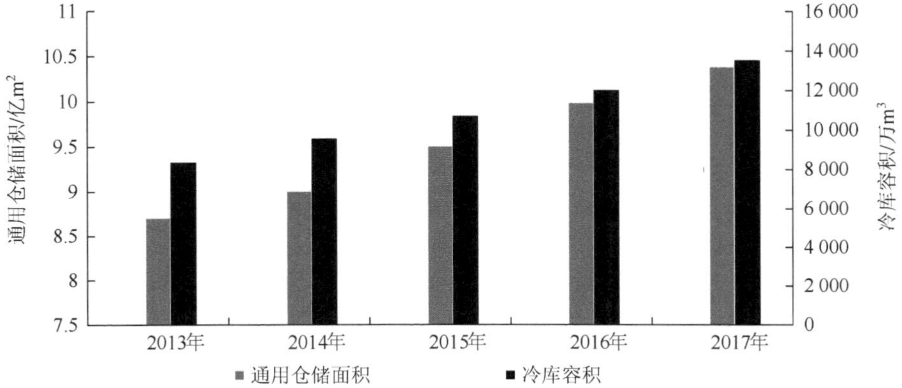

图 6-2　2013～2017 年中国通用仓储面积与冷库容积

从高标仓储区域分布来看，长三角地区、中西部地区、环渤海地区、珠三角地区的高标仓储面积分别为 2077 万 m^2、1082 万 m^2、1014 万 m^2、610 万 m^2，占全国高标仓储面积的比例分别为 43.00%、22.40%、21.00%、12.40%，如图 6-3 所示。

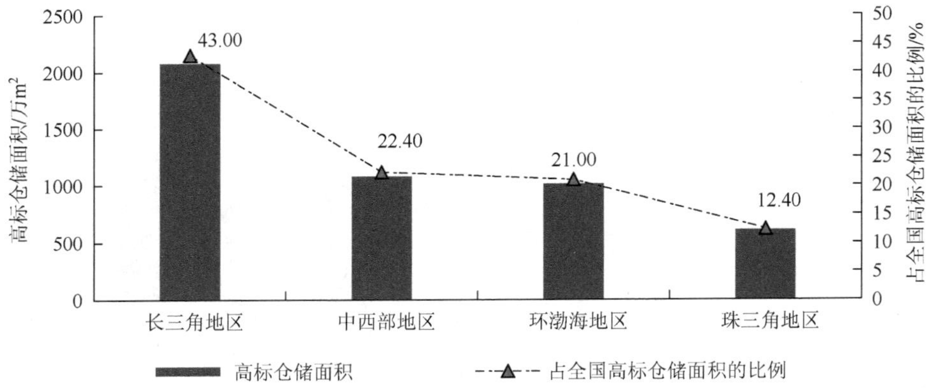

图 6-3　高标仓储区域分布及占比

从仓储企业角度来看，2013～2017 年中国仓储企业数量逐年增加，由 27140 家增长到 37120 家，增幅为 36.77%；在仓储企业数量增长率方面，2013～2017 年增长率呈现波动增长状态，为 5.00%～10.70%，如图 6-4 所示。

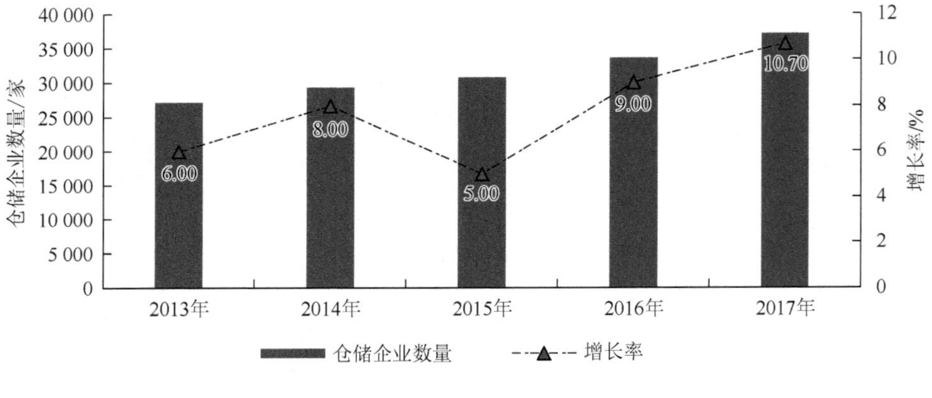

图 6-4　2013～2017 年中国仓储企业数量及增长率

从仓储业资产总额角度来看，2013～2017 年中国仓储业资产总额逐年增加，由 16878.6 亿元增加到 29162 亿元，增幅为 72.77%；在仓储业资产总额增长率方面，2013～2017 年增长率处于较高水平，为 9.80%～23.00%，尤其是 2014 年和 2017 年分别高达 23.00%和 16.30%，如图 6-5 所示。

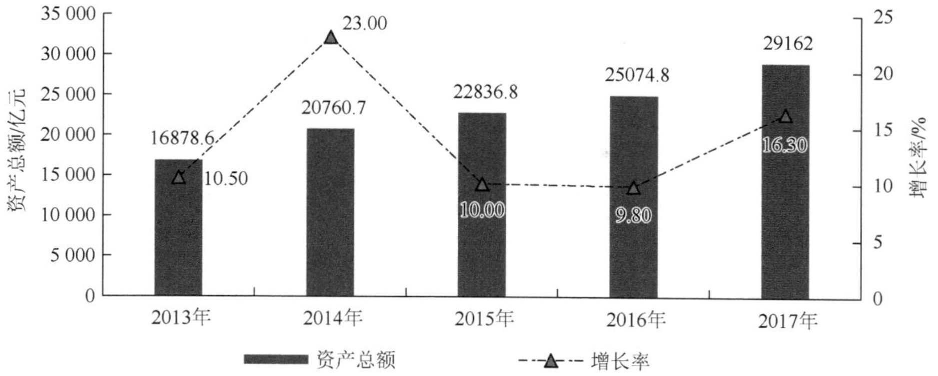

图 6-5　2013～2017 年中国仓储业资产总额及增长率

从仓储业从业人数角度来看，2013～2017 年，从业人数由 84.1 万人增加到 110.2 万人；在增长率方面，2013～2017 年呈现“U”形发展趋势，2013～2015 年增长率逐年下降，2016～2017 年呈现增长的态势，如图 6-6 所示。

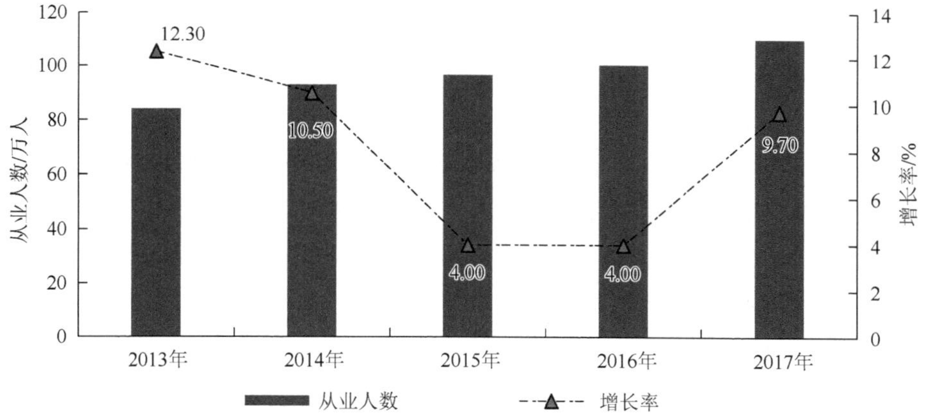

图 6-6　2013～2017 年中国仓储业从业人数及增长率

从仓储企业排名来看，通用仓储和冷链仓储企业前十强之间，在仓储面积方面均存在较大的差距。具体来看，在通用仓储企业前十强中，仓储面积超过 600 万 m^2 的企业有 2 家，仓储面积在 400 万～600 万 m^2 的企业有 4 家，仓储面积处于 200 万～400 万 m^2 的企业有 4 家，在冷链仓储企业前十强中，仓储容积超过 200 万 m^3 的企业有 3 家，仓储容积处于 100 万～200 万 m^3 的企业有 6 家，仓储容积小于 100 万 m^3 的企业有 2 家，大型通用仓储和冷链仓储企业总部主要集中在长三角、京津冀和珠三角城市群地区。

2. 美国

从仓储业雇员人数角度来看，2013～2018 年，美国仓储业雇员人数逐年增加，由 70.77 万人增长到 114.56 万人，增幅为 61.88%；在仓储业雇员人数增长率方面，除 2014 年增长率较低外，其他年份增长率均高于 10.00%，2018 年增长率最高，为 13.84%，如图 6-7 所示。

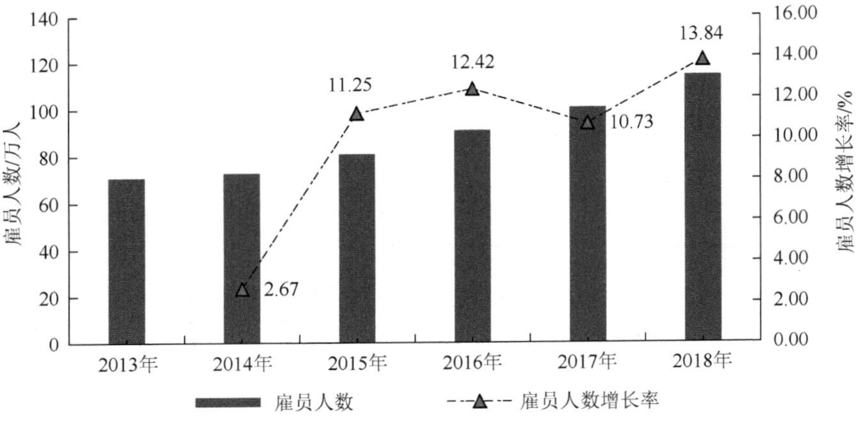

图 6-7　2013～2018 年美国仓储业雇员人数及增长率

从仓储设备资本支出角度来看，2012～2017 年，美国仓储设备资本支出呈现“N”形增长，2012～2014 年仓储设备资本支出逐年增加，由 24 亿美元增长到 43 亿美元，但 2015 年降低到 32 亿元，降幅为 25.58%，2015～2017 年，仓储设备资本支出由 32 亿美元增加到 40 亿美元，但增长率却较低，处于 11%～13%，远低于 2012～2014 年的增长率，如图 6-8 所示。

从仓储企业排名角度来看，干货仓储企业和冷藏仓储企业的前十强之间，仓储面（容）积均存在较大差距。具体而言，在干货仓储企业前十强中，仓储面积大于 600 万 m^2、介于 400 万～600 万 m^2、介于 200 万～400 万 m^2 的企业数量分别为 2 家、3 家、5 家；在冷藏仓储企业前十强中，仓储容积大于 1000 万 m^3、介于 300 万～1000 万 m^3、介于 100 万～300 万 m^3 的企业数量分别为 2 家、3 家、5 家，仓储容积最小值仅为最大值的 1/80，仓储企业的规模分异突出，从总部企业布局来看，主要集中在东海岸的纽约、新泽西、芝加哥五大湖以及孟菲斯、亚特兰大等传统物流枢纽所在地区。

3. 日本

从仓储面（容）积角度来看，日本 2013～2018 年通用仓储面积逐年增加，由 5238.6 万 m^2 增加到 6858.9 万 m^2；在仓储容积方面，2013～2018 年呈现阶梯式增长，2013～2015 年由 2772 万 m^3 增加到 3097.7 万 m^3，2016 年小幅降低到 3080.2 万 m^3，2016～2018 年由 3080.2 万 m^3 增加到 3251.4 万 m^3，如图 6-9 所示。

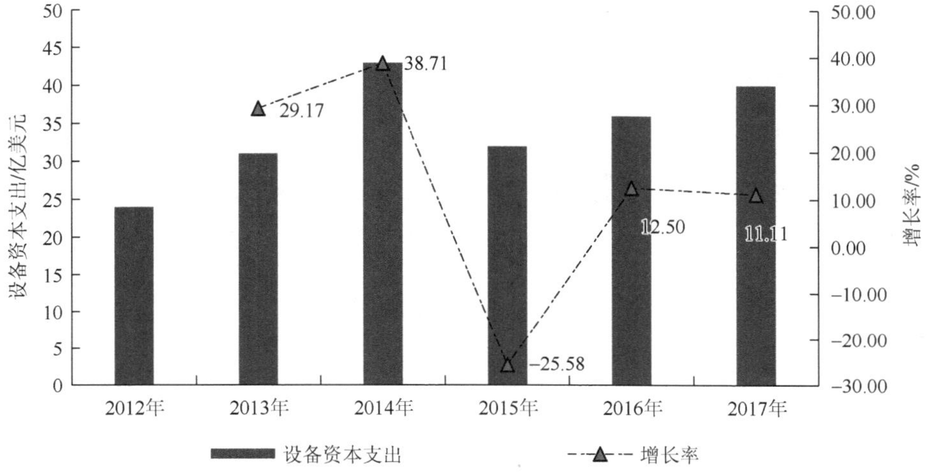

图 6-8　2012～2017 年美国仓储设备资本支出及增长率

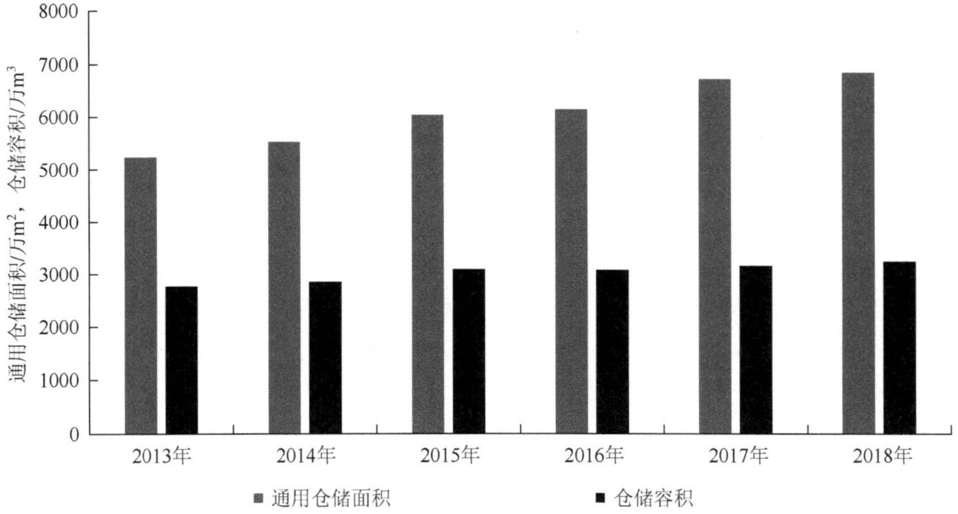

图 6-9　2013～2018 年日本仓储面（容）积变化情况

从冷藏仓储货物入库量角度来看，2013～2017 年日本冷藏仓储货物入库量均保持在 20000t 以上，2014 年入库量最低，为 20097t，2015 年入库量最高，为 23068t；在增长率方面，除 2015 年正增长外，其余年份均为负增长，如图 6-10 所示。

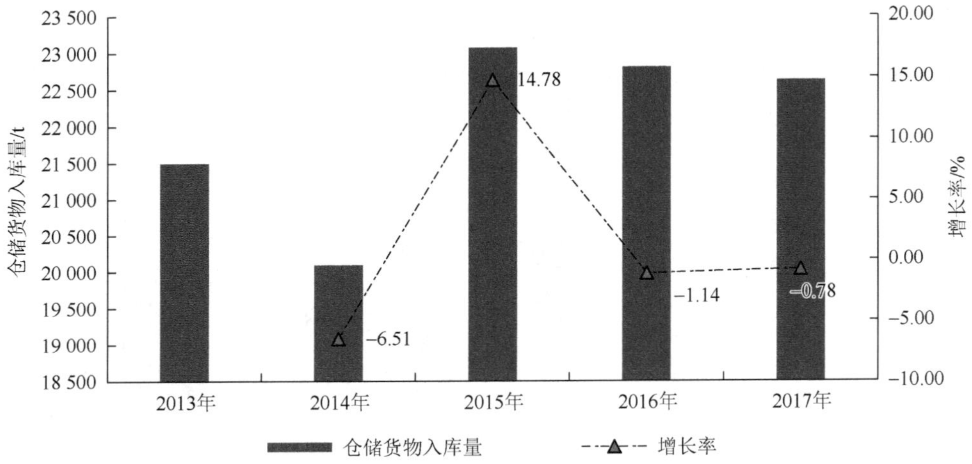

图 6-10　2013～2017 年日本冷藏仓储货物入库量及增长率

从日本主要大型仓储企业角度来看，普通仓储企业的营业收入大于和小于 1000 亿日元的企业分别有 4 家、2 家，且营业收入差距较大，通用仓储面积低于中国通用仓储面积和美国通用仓储面积，通用仓储面积处在 100 万～150 万 m^2；冷链仓储企业的营业收入大于和小于 5000 亿日元的企业分别有 2 家、3 家，总部位于东京、名古屋以及横滨、福冈地区。从城市类型来看，日本主要仓储企业网点集中分布在首都、州府或大型港口城市。15 家样本企业共在 29 个城市布局 81 个网点，首都、州府、大型港口城市的网点数量分别为 29 个、32 个、65 个，分别占日本总仓储企业网点数量的 35.80%、39.51%、80.25%。

4. 不同国家间的主要指标对比

从仓储面（容）积角度来看，2017 年中国通用仓储面积为 1038km^2，而日本通用仓储面积仅为 67km^2，约为中国的 1/15，中国人均通用仓储面积仅为日本的 1.44 倍；2017 年中国仓储容积为 13531.9 万 m^3，而日本仓储容积为 3166.1 万 m^3，约为中国的 1/4，日本人均仓储容积约为中国的 2.5 倍，如表 6-7 所示。

表 6-7　2017 年中日仓储面（容）积对比

国家	2017 年通用仓储面积/km^2	2017 年仓储容积/万 m^3	人均通用仓储面积/m^2	人均仓储容积/m^3
中国	1038	13531.9	0.75	0.097
日本	67	3166.1	0.52	0.244

到 2018 年，中国人均仓储容积仅为 0.132m^3，日本为 0.315m^3，美国为 0.49m^3，加拿大为 0.316m^3。

从仓储业雇员人数角度来看，2013～2017年，中国仓储业雇员人数由84.1万人增加到110.2万人，2013～2017年，美国仓储业雇员人数逐年增加，由70.8万人增加到100.6万人，中国仓储业雇员人数略高于美国，如表6-8所示。

表6-8　2013～2017年中美仓储业雇员人数对比　（单位：万人）

国家	2013年	2014年	2015年	2016年	2017年
中国	84.1	92.9	96.6	100.5	110.2
美国	70.8	72.7	86.8	90.9	100.6

从重点仓储企业来看，中国通用仓储企业前十强和美国干货仓储企业前十强仓储面积均大于200万m^2，且主要集中在200万～400万m^2，而日本主要通用仓储企业仓储面积略大于100万m^2；中国冷链仓储企业前十强仓储容积主要集中在100万～200万m^3，而美国冷链仓储企业前十强仓储容积主要集中在200万～400万m^3，日本主要冷链仓储企业的仓储容积集中在100万～200万m^3，如表6-9所示。

表6-9　中美日重点仓储企业仓储面（容）积划分

企业类型	国家	仓储面积/万m^2				
		≤100	100～200	200～400	400～600	≥600
通用（干货）仓储企业	中国	0	0	4	3	3
	日本	0	3	0	0	0
	美国	0	0	5	3	2
企业类型	国家	仓储容积/万m^3				
		≤100	100～200	200～400	400～600	≥600
冷链仓储企业	中国	2	5	1	2	0
	日本	2	5	1	0	0
	美国	0	2	4	1	3

6.2.2　地区间仓储活动扩张过程

1. 中国典型物流企业进入东盟

从分布国家和地区来看，中国进入东盟地区的典型物流企业的网点主要分布在泰国（12个）、马来西亚（11个）、新加坡（11个）、印度尼西亚（10个）、柬埔寨（5个）和菲律宾（5个）等国家。其中，15家样本企业涉及网点108个，泰国、马来西亚、新加坡、印度尼西亚、柬埔寨和菲律宾6个国家共布局网点71个，占网点总数的65.74%，如表6-10所示。

表 6-10　中国主要仓储企业进入东盟网点布局

企业类型	企业名称	布局国家（省份或城市）
运输企业	中国外运长航集团有限公司	泰国（曼谷）、柬埔寨（金边）、马来西亚（关丹、巴生、新山）、印度尼西亚（雅加达、三宝垄、泗水）、老挝（万象）、越南（河内、广平省、广治省、河静、胡志明市、岘港、海防、西宁）、缅甸（仰光）
	东方海外货柜航运有限公司	泰国（曼谷）、新加坡、柬埔寨（西哈努克城）、马来西亚（巴生、巴西古当、槟城、新山）、印度尼西亚（雅加达、巴拉望、泗水）、越南（胡志明市、海防市）、缅甸（仰光）、菲律宾（宿务岛、马尼拉）
	海航科技集团有限公司	新加坡、马来西亚、泰国（曼谷、普吉）
快递企业	顺丰速运集团	新加坡、马来西亚（巴生、槟城、新山、古晋、亚庇、关丹）、泰国（曼谷）、越南（胡志明市、河内）、印度尼西亚、文莱、缅甸、柬埔寨、菲律宾
	江苏苏宁物流有限公司	泰国（尖竹汶市、拉差汶里省）
	百世物流科技（中国）有限公司	泰国（曼谷）、马来西亚（巴生）、越南（胡志明市）
	申通快递有限公司	新加坡、泰国（曼谷）、马来西亚（巴生、吉隆坡、新山、马六甲、麻坡）、印度尼西亚
	中通速递服务有限公司	新加坡、马来西亚、菲律宾、泰国（曼谷、芭提雅、清迈、普吉）、柬埔寨（金边、柴桢）、越南（胡志明市）、老挝
物流地产企业	厦门象屿股份有限公司	新加坡、印度尼西亚（雅加达）
供应链企业	瑞茂通供应链管理股份有限公司	印度尼西亚、马来西亚（巴生）、新加坡、泰国（曼谷）
	深圳越海全球供应链有限公司	菲律宾（马尼拉）、马来西亚（巴生）、越南（胡志明市）、新加坡、印度尼西亚（雅加达）
综合物流企业	中储发展股份有限公司	新加坡、马来西亚（巴生、新山）
冷链物流企业	上海郑明现代物流有限公司	泰国、越南
港口物流企业	上海国际港务集团	泰国（曼谷）、新加坡、柬埔寨（西哈努克城）、马来西亚（巴生、新山、民都鲁）、印度尼西亚（雅加达、泗水）、越南（胡志明市）、文莱、菲律宾（马尼拉）
电商企业	阿里巴巴	泰国（曼谷）、新加坡、马来西亚（巴生）、印度尼西亚

2. 日本物流企业进入中国

以日本仓储企业为例，其中国公司的总部普遍设立在北京、上海或广州，并在其他地区设立分支机构，进而构筑物流网络。对日本主要大型仓储企业的分析，有助于揭示日本仓储企业在中国的区位布局过程和基本规律（表 6-11），主要特征如下：

（1）从分布地区来看，日本仓储企业网点主要布局在东部地区，尤其是集中分布在长三角、珠三角和环渤海地区，部分网点布局在中西部地区。13 家样本企业的网点共分布在中国 37 个城市，其中，东部地区、中部地区和西部地区的城市数量分别为 32 个、2 个、3 个，分别占总数的 86.5%、5.4%和 8.1%。由于东部地区的长三角、珠三角和环渤海地区具有优越的物流政策和旺盛的物流市场，日本仓储型物流企业进入中国后，首先布局在东部地区的中心城市，这与国际物流企业在中国的区位基本一致。

（2）从分布省份来看，日本主要仓储企业网点分布在江苏（14 个）、上海（12 个）、广东（11 个）、山东（8 个）、浙江（8 个）、辽宁（6 个）、北京（5 个）等。其中，13 家样本企业涉及网点 86 个，江苏、上海、广东、山东、浙江、辽宁、北京等共布局网点 64 个，占网点总数的 74.4%。

总体而言，13 家日本仓储样本企业网点分布的 37 个城市中，省会城市/副省级城市、地级市、县级市数量分别为 17 个、16 个、4 个，占比分别为 45.9%、43.2%、10.9%。

表 6-11　日本主要仓储企业中国网点布局

企业类型	物流企业名称	网点所在城市
普通仓储企业	三井仓库（中国）投资有限公司	大连、天津、青岛、上海、苏州、宁波、广州、中山、深圳、南通、上海、香港
	三菱仓库（中国）投资有限公司	北京、西安、成都、武汉、张家港、南通、常熟、苏州、上海、厦门、广州、江门
	住友仓储（中国）有限公司	上海、苏州、杭州、北京、天津、大连、青岛、武汉、襄阳、郑州、香港、深圳、广州
	日本德兰城市物流株式会社	上海、青岛、深圳、香港
	高山有限公司	上海、北京、广州、大连
物流地产企业	三菱地所（上海）投资咨询有限公司	上海
	大和房屋（中国）投资有限公司	上海、大连、常州、无锡、南通、天津、绍兴
	三井不动产（上海）投资咨询有限公司	上海、北京、广州、香港
	野村不动产咨询（北京）有限公司	北京、香港
冷链仓储企业	日本玛鲁哈日鲁株式会社	上海、舟山、烟台、慈溪、宁波、青岛
	日本株式会社日冷物流集团总公司上海代表处	上海、烟台、大连、日照、青岛

6.3　京津冀地区仓储空间格局及影响因素

作为重点打造的世界级城市群，京津冀地区是交通网络最密集和物流体系最完善的区域。在京津冀协同发展的过程中，作为非首都功能的物流仓储职能变化加剧，对物流空间高效治理与优化提出了更高要求（陆大道，2015）。以京津冀城市群为研究对象，以仓储企业工商注册数据为基础，揭示非首都功能疏解视角下城市和区县尺度仓储空间格局演化过程、动态分异规律及其影响因素的重要程度差异，有利于认识仓储区位特征的动态性，评估仓储空间演化过程是否受到《京津冀协同发展规划纲要》对物流业定位调整的影响。

6.3.1　数据来源及处理与研究方法

1. 数据来源及处理

本研究共采集京津冀地区仓储企业 17770 家，时间跨度为 1952～2019 年，属性项包括企业名称、成立日期、企业类型、地址信息、经营范围等。在剔除地址信息和企业类型不明确样本后，有效样本为 15843 家。以《国民经济行业分类》（GB/T 4754—2017）为基础，结合国内外仓库分类标准（刘思婧等，2017；Sakai et al.，2020），从仓储企业经营范围视角进行样本数据分类和编码，如表 6-12 所示。

表 6-12　样本数据分类和编码

代码	类别名称	细分类别	分类依据
592	通用仓储	5920 普通仓储	指进行除冷藏冷冻物品、危险物品、谷物、棉花、中药材等具有特殊要求以外物品的仓储活动的企业
		5921 大宗物资	指进行煤炭、钢铁等能源，基础原材料仓储活动的企业
		5922 地产租赁	指提供自有仓储设施租赁的仓储企业
593	低温仓储	5930 低温（自营）	指进行冷藏冷冻物品等低温货物仓储活动的企业
		5931 低温（租赁）	指提供低温仓储设施租赁的仓储企业
594	危险品仓储		指进行易燃易爆品、危险化学品、放射性物品等危及人身安全和财产安全物品仓储活动的企业
595	谷物、棉花等农产品仓储（含农资）		指进行棉花、谷物和其他农产品（含农资）、林产品仓储活动的企业
596	中药材仓储		指储存中药材且具有温湿度控制功能的仓储企业
599	其他仓储	5990 其他	无明确经营范围
		5991 战略储备	指国家储备粮库和国家储备物资库
		5992 保税	指经海关批准设立的专门存放保税货物及其他未办结海关手续货物的仓库

对分类样本进行再处理，首先，剔除样本量很小的经营类型，分别为 14 家中药材仓储企业、6 家战略储备仓储企业和 34 家保税仓储企业；其次，剔除数据增

长集中于 2008 年且经营范围与所属行业均不明确的 156 家异常数据，将数据量较小的低温（租赁）仓储并入低温仓储；最后，共确定通用仓储企业、大宗物资仓储企业、地产租赁仓储企业、低温仓储企业、危险品仓储企业、农产品仓储企业六种类型，合计 15633 家样本企业。

研究所需的经济社会发展数据来源于《中国县域统计年鉴（2019）》，道路里程数据和工业用地面积数据来源于 OpenStreetMap，仓储用地价格数据来源于国信房地产信息网，交通数据来源于百度地图 POI（point of information）数据及各区县政府网站。

2. *研究方法*

首先，以中国物流业发展过程中的重大政策措施实施时间为基础，结合样本数量年均变化情况（图 6-11），将仓储空间演化划分为：传统仓储阶段（1952～2000 年），年均新增企业数量为 13 家；加入 WTO 后的快速发展阶段（2001～2008 年），年均新增企业数量 477 家；国务院《物流业调整和振兴规划》实施后的高速增长阶段（2009～2011 年），年均新增企业数量达 1949 家；商务部发布《关于促进仓储业转型升级的指导意见》后的优化调整阶段（2012～2019 年），年均新增企业数降至 691 家。

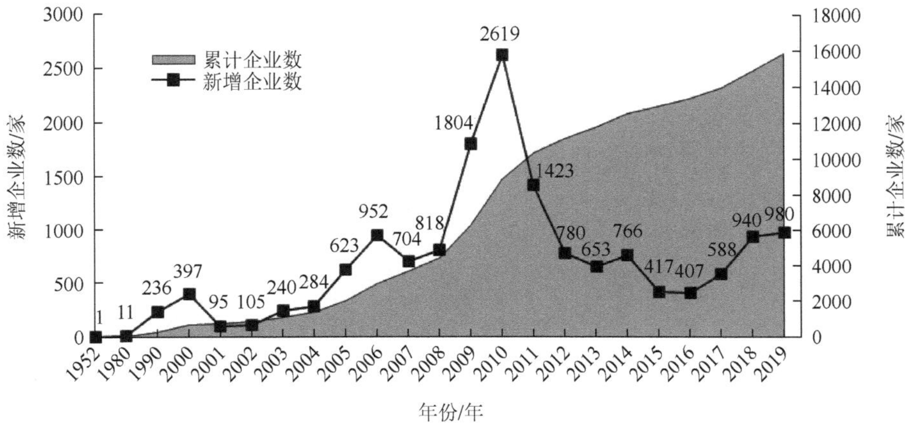

图 6-11　1952～2019 年京津冀地区仓储企业数量变化

其次，采用标准差椭圆分析从城市尺度揭示仓储企业的空间分布态势及动态演化过程；采用核密度估计从区县尺度识别四个阶段中新增仓储企业的区位特征及变化过程；采用邻近分析方法度量不同发展阶段各种类型仓储企业与城市中心点的距离，以刻画空间蔓延过程及其类型差异。其中，选择城市中心点作为邻近要素，统计邻近距离为 0～10km、10～20km、20～50km、50km 以上的仓储企业比例。

最后，为揭示仓储企业区位选择的内在机制，以区县仓储企业数量为因变量，以影响因素为自变量构建企业数量回归模型。此外，为进一步探究企业规模的影响，新增设置规模权重的企业加权数量回归模型。以国家大、中、小、微型企业等级划分为基础，将注册资金 1 万元以下、1 万～10 万元、10 万～300 万元、300 万元以上的企业分别划分为微型、小型、中型和大型仓储企业，并以其对应从业人数同比例缩小所得值作为权重值，即 1、5、10、20。仓储企业数量属于计数数据，常采用计数模型进行拟合，其中，泊松回归模型假设因变量的期望与方差相等。对因变量的描述性统计结果显示，因变量方差远大于期望，具有显著的过度离散特征，不满足泊松回归模型的假设。因此，选用负二项回归模型进行仓储区位演化的形成机制的识别。

6.3.2　京津冀地区仓储空间格局及演化过程

1. 仓储空间总体格局及演化特征

从城市尺度来看，仓储重心由西北移向西南，空间格局呈现先集中后分散的趋势，首都仓储职能地位下降，如图 6-12 所示。

（1）从椭圆重心来看，总体位于 116.24°～116.65°E、38.92°～40.12°N。其中，2000～2011 年，重心持续向西北移动，由广阳区经朝阳区移至顺义区，北京市为重点布局区域；2011～2019 年，向西南移动至文安县与雄县交界，移动速度达 16.5km/年，北京市内仓储企业比例降低，天津、沧州等仓储企业发展速度加快。

（2）从椭圆转角来看，各时点转角呈现“减小-减小-再增大”的过程。2000～2008 年，椭圆转角由 52.98°缩小至 26.15°，呈“偏北-偏南”分布格局；2011 年，继续向北京市集中，椭圆转角下降至 23.99°，呈现“正北-正南”分布格局；2019 年，椭圆转角增至 43.95°，南部城市仓储业快速发展，呈现“东北-西南”分布格局。

（3）从椭圆范围来看，空间分布先趋于集中后趋于分散。2000 年主要覆盖北京、天津和廊坊；2008 年，椭圆范围开始减小，仅覆盖北京和廊坊部分区域；2011 年，呈现向北京集中的态势；2019 年，椭圆范围向南延伸，包含廊坊的全部及保定、沧州、衡水、石家庄、北京、天津的大部分区域。

从区县尺度来看，呈现由聚集到扩散、聚集与扩散并存的演变态势，京津冀东南、西南部地区成为集聚和扩散的重点。

（1）1952～2000 年，仓储企业呈“两主两次”低度聚集特征，“两主”为北京和天津，“两次”为石家庄和秦皇岛［图 6-13（a)］。具体来看，仓储企业在北京主要聚集在东西城区及朝阳区、海淀区和丰台区；在天津中心城区以及东丽区、滨海新区形成东西向聚集带。

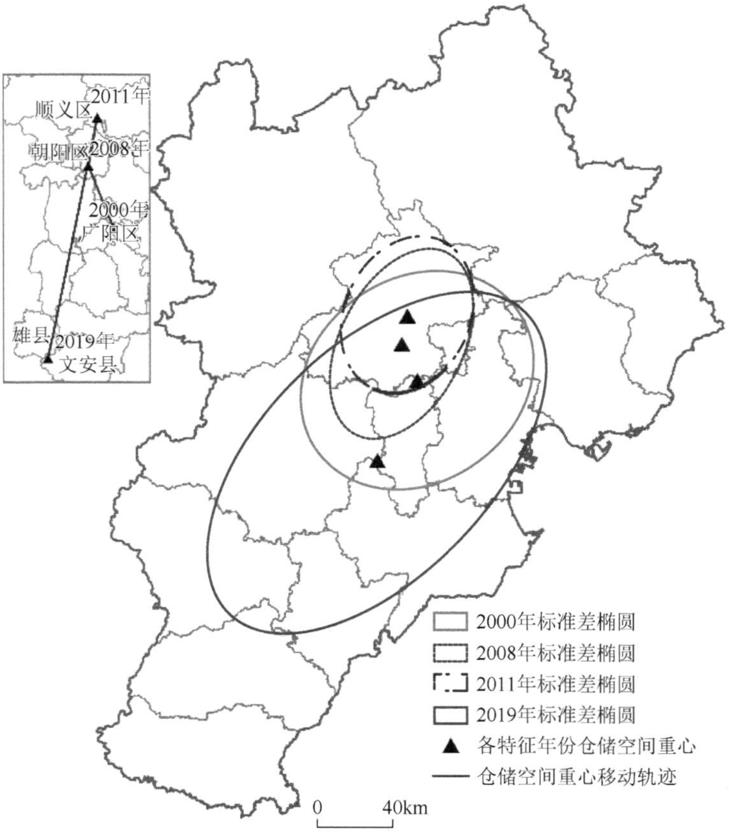

图 6-12　2000～2019 年京津冀仓储空间格局演化

（2）2001～2008 年，继续向北京聚集，与天津构成“一主一副”空间格局［图 6-13（b)］。具体来看，在北京市向北移动，在怀柔区、顺义区、密云区三区交界处出现新的聚集区，与中心城区形成“双核心”空间格局；在天津呈南北扩散趋势，聚集程度有所减弱；在河北省的高速路网密集地区出现小规模聚集。

（3）2009～2011 年，年均新增企业数量达 1949 家，仓储企业进入高速增长阶段，北京聚集程度进一步上升，昌平区成为仓储企业聚集的新核心［图 6-13（c)］，聚集区位由“双核心”变为“三核心”，呈现显著郊区化趋势，以北京为主要集聚中心的空间格局基本形成。

（4）2012～2019 年，年均新增企业数量降至 691 家，转为优化调整阶段，仓储企业向南扩散，新增聚集点与北京、天津形成“一主一副多点分布”的空间格局［图 6-13（d)］，相较于第三阶段，仓储企业区位的极化程度减弱，聚集点增多。具体来说，石家庄、保定、唐山、张家口、秦皇岛等成为新的聚集区，形成了覆盖京津冀中部、东南和西南区域的仓储企业聚集带。

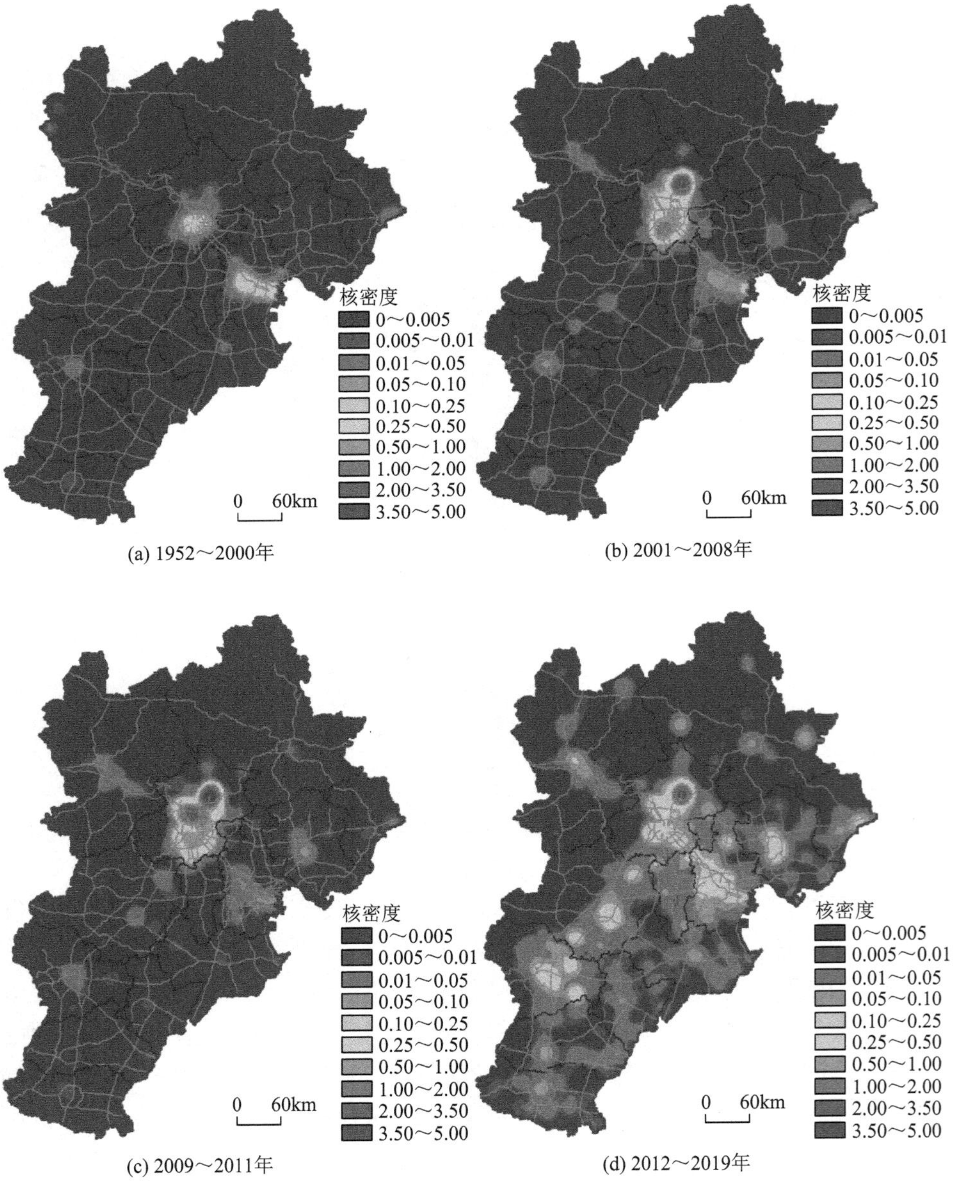

(a) 1952～2000年　(b) 2001～2008年

(c) 2009～2011年　(d) 2012～2019年

图 6-13　不同时期京津冀仓储企业空间核密度分析

2. 分类型仓储空间格局及分异特征

考虑类型差异对仓储空间格局演化的影响，在分类型仓储企业空间演化过程的基础上（图 6-14），采用近邻分析方法得到不同类型仓储企业与城市中心点的邻近距离，如图 6-15 所示，其分异特征表现如下。

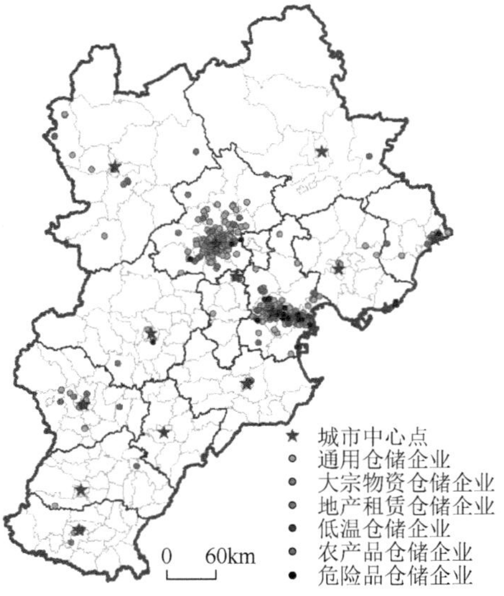

(a) 1952～2000年

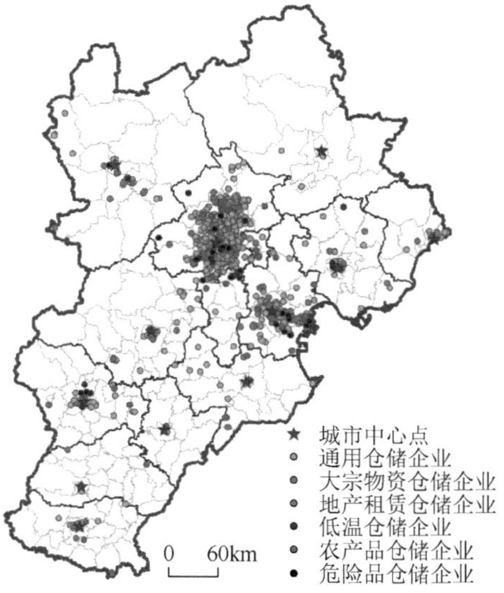

(b) 2001～2008年

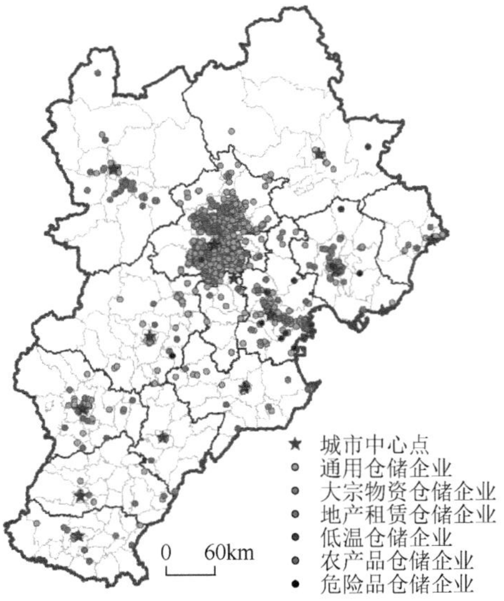

(c) 2009～2011年

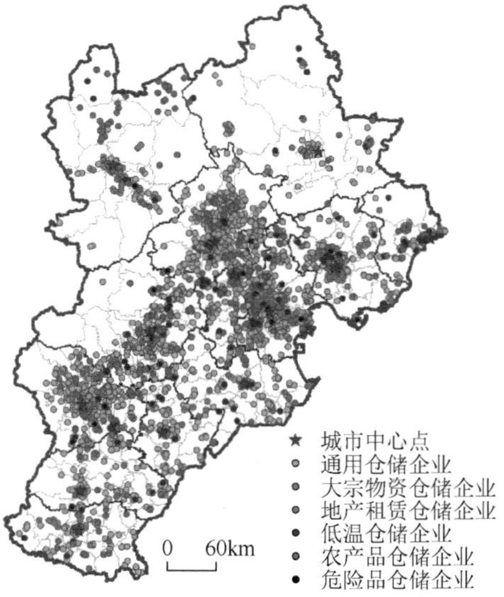

(d) 2012～2019年

图 6-14　京津冀地区不同类型仓储企业空间演化过程

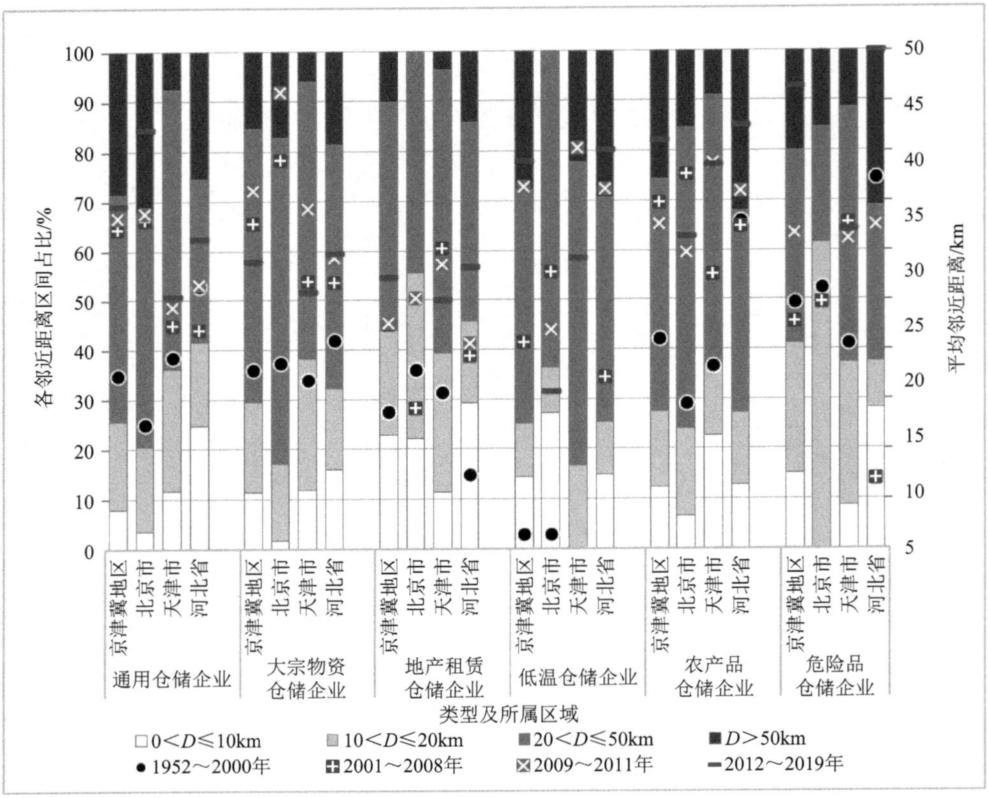

图 6-15　京津冀分类型仓储企业的邻近距离统计

首先，仓储企业布局数量与专业化程度、进出门槛呈反比关系。通用仓储企业专业化程度和进出门槛最低，占样本总数的 91%。个体工商户又占通用仓储企业总数的 76.5%；农产品仓储企业、大宗物资仓储企业占样本总数的比例分别为 2.75%、2.49%，低温仓储企业、地产租赁仓储企业占样本总数的比例不足 2%，均具有一定的专业化要求和较高的投资要求；危险品仓储企业占样本总数的比例仅为 0.51%，专业化程度和进出门槛最高。

其次，仓储企业布局集中度与城市职能定位、政策措施联系密切。通用仓储企业先向京津两地聚集，后向南扩散。1952～2011 年，北京占比高达 90.86%；其后，石家庄（9.53%）、保定（10.19%）、沧州（2.76%）、邢台（2.54%）、承德（2.20%）等逐步承担起通用仓储职能；大宗物资仓储企业呈现由京津两地向资源和港口城市聚集的趋势，1952～2011 年，北京（40.86%）、天津（21.79%）、张家口（15.56%）为主集聚中心，其后，天津（20.44%）和张家口（17.52%）的主集聚中心地位进一步稳定，唐山（29.93%）、邯郸（11.68%）等城市成为新的集聚地；地产租赁仓储企业主要位于天津（34.65%）、石家庄（16.67%）等少数城市，接近 1/2 企业出现在《京津冀协同规划纲要》发布之后；低温仓储企业起步较晚，呈现由分散向适度聚集转变的趋势，1952～2011 年，低温仓储企业仅有 22 家，分布于北京、天津、石家庄、唐山等，其后，集中在石家庄（31.85%）和秦皇岛（12.90%）；农产品仓储企业呈现由聚集到扩散的趋势，1952～2011 年，北京（45.07%）和天津（24.18%）为主集聚地，其后呈现分散分布特征；危险品仓储企业主要位于天津市滨海新区和唐山市曹妃甸区。

最后，仓储企业的布局位置呈现面向服务对象差异化的郊区化特征。北京通用仓储企业、大宗物资仓储企业郊区化趋势显著，2012～2019 年通用仓储企业平均邻近距离比天津、河北省多 10km 左右，2009～2011 年大宗物资仓储企业平均邻近距离达 46.28km；但北京低温仓储企业则呈现先外移后内迁的趋势，2012～2019 年平均邻近距离仅为 19.20km，远低于天津（31.36km）与河北省（41.17km），说明低温仓储企业更愿意布局在需求集中的中心城市；地产租赁仓储企业平均距离变化幅度相对较小，总体位于 11.69～32.19km，具备良好的区位优势。

6.3.3 京津冀地区仓储空间形成机制

1. 影响因素选择

京津冀地区仓储空间演变和类型分异是多种因素共同作用的结果，不同因素对不同类型仓储企业的影响呈现明显差异。在物流区位的菱形理论模型及数据可得性的基础上，将影响仓储空间区位的因素归类为经济、土地、交通和聚集四个方面，各变量解释与定义见表 6-13。

表 6-13　变量定义及其预期影响

因素	变量	说明	预期	因素	变量	说明	预期
经济因素	PRIMARY	第一产业增加值	+	交通因素	MILEAGE	道路总里程	+
	SECOND	第二产业增加值	+		PORT	是否有水运港口	+
	THIRD	第三产业增加值	+		AIRPORT	是否有机场	+
土地因素	WLP	仓储用地价格	–	聚集因素	LPARK	是否有物流园区	+
	INDAREA	工业用地面积	+		POPDENS	人口密度	–

在经济因素方面，主要选取了第一、二、三产业增加值（PRIMARY、SECOND、THIRD）作为经济变量。在土地因素方面，考虑到仓储企业区位的土地敏感性，选择区县仓储用地价格 WLP、区县工业用地面积 INDAREA 等变量来表示土地因素的影响。在交通因素方面，考虑到交通区位条件是企业布局的基础因素，港口、

机场是仓储企业聚集的重要场所，选取区县道路总里程 MILEAGE 表征公路，采用 PORT 变量表示水运港口，若区县存在水运港口，则赋值 1，否则赋值 0；采用 AIRPORT 变量表示机场，若区县存在机场，则赋值 1，否则赋值 0。在集聚因素方面，物流园区 LPARK 作为仓储企业在空间上集中布局的场所，是物流业主要的空间载体，为度量物流园区对仓储企业的聚集效应，将区县是否有物流园区作为度量指标，若区县有物流园区，则赋值 1，否则赋值 0。人口密度能够在一定程度上反映各区县的城市化水平，采用人口密度 POPDENS 指标度量城市化水平对仓储区位的影响。

2. 结果分析

为重点评估《京津冀协同规划纲要》对仓储空间格局形成与演化的影响，主要选取 2015～2019 年各区县仓储企业新增总体及各类型的数量和加权数量作为被解释变量，以表 6-13 中各因素为解释变量，进行多重共线性检验，方差膨胀因子（variance inflation factor，VIF）最大为 1.92，远小于 10，不存在多重共线性情况。

对仓储企业数量的负二项回归结果进行显示，危险品仓储企业数量回归的 α 值显著为 0，表明负二项回归模型并不适用，使用泊松回归模型进行分析（模型 7），计算得到加权前后的回归分析结果，如表 6-14、表 6-15 所示。

忽略仓储企业规模的影响，不同因素对不同类型仓储企业的影响关系如下：

（1）经济因素中，PRIMARY、SECOND 的显著程度与仓储企业服务对象密切相关。具体来看，第一产业增加值对低温仓储企业布局表现出正显著性，体现出需求对象依赖性；第二产业增加值对全样本仓储企业，以及大宗物资仓储企业、通用仓储企业、危险品仓储企业和地产租赁仓储企业均表现出正显著性，证实了制造业需求是仓储服务的主要来源；第三产业增加值对全样本仓储企业及通用仓储企业表现出高度负显著性，究其原因是仓储业在第三产业中土地产出效率相对较低，发展空间易受更高回报率的同类产业挤压，服务业发达的地区并非仓储业的主要布局地。

（2）土地因素中，WLP 仅对通用仓储企业在 10%的显著性水平上正相关，表明京津冀地区仓储企业受仓储用地价格的影响与预期不一致。具体到不同类型，工业用地面积 INDAREA 与大宗物资仓储企业呈正相关性，表明大宗物资仓储企业多布局于工业用地面积多的区县。但 INDAREA 与农产品仓储企业呈负显著性，主要原因是工业用地供给过多的地区，农业增加值占比较低，不属于重点发展区域。

（3）交通因素中，MILEAGE 与农产品仓储企业表现出显著正相关，PORT、AIRPORT 未通过显著性检验，表明农产品仓储企业更愿意布局在道路通达性好的地区，港口、机场等并非其布局的首选。PORT 对低温仓储企业和危险品仓储企业呈正显著性，与天津港是我国三大进口冷冻肉口岸之一，危险品仓储企业主要聚集在曹妃甸化学工业园区、天津经济技术开发区的实际情况相吻合。PORT 对地产租赁仓储企业呈现负显著性，究其原因是港口多为堆场，且以自营仓库为主；AIRPORT 对危险品仓储企业呈现高度负显著性，说明机场所在区域不适合危险品仓储设施和企业集聚。

（4）聚集因素中，LPARK 的系数显著为正，体现了物流园区对仓储企业的聚集作用，符合各级政府建设大型物流节点的规划要求。人口密度 POPDENS 与低温仓储企业、农产品仓储企业、地产租赁仓储企业表现出负显著性，表明专业化水平和投资强度较大的仓储企业倾向于在城市化水平低的郊区布局，对仓储用地价格和用地面积的要求较高。

表 6-14　仓储企业区位选择的回归模型估计结果

变量	模型 1 全体样本	模型 2 大宗物资仓储	模型 3 低温仓储	模型 4 农产品仓储	模型 5 通用仓储	模型 6 地产租赁仓储	模型 7 危险品仓储
PRIMARY	0.0083	0.0021	0.0488**	−0.0003	0.0051	0.0042	−0.0863
SECOND	0.0033***	0.0085***	0.0003	0.0003	0.0036***	0.0050***	0.0004
THIRD	−0.0006***	−0.0017	0.0000	−0.0016	−0.0006***	−0.0015	0.0160*
WLP	0.0007	−0.0010	−0.0001	0.0007	0.0008*	0.0007	−0.0025
INDAREA	0.0004	0.0110***	−0.0298	−0.0679**	0.0003	0.0057	−0.0110
MILEAGE	0.0001	−0.0003	−0.0003	0.0005***	0.0001	−0.0004	−0.0014***
PORT	−0.0591	1.0990	2.0860**	0.8410	−0.3740	−2.1440***	3.9660***
AIRPORT	0.0554	0.0162	0.1000	0.3860	0.0774	−0.1730	−16.1100***
LPARK	0.6590***	0.6960*	0.8530	0.5050*	0.6670***	0.7770*	0.6290
POPDENS	−0.0000	−0.0000	−0.0001***	−0.0001**	−0.0000	−0.0001*	−0.0019**
_cons	1.3261***	−1.9469***	−1.0401**	−0.9504***	0.9446***	−1.3577**	0.5231
alpha	1.1353*	1.7324*	4.6894***	1.7428***	1.2001*	3.0160***	—
R^2	0.0478	0.1803	0.0435	0.0534	0.0549	0.0599	0.6059
LL	−712.508	−118.951	−217.810	−254.594	−663.338	−172.890	−18.478

*表示 10%的显著性水平，**表示 5%的显著性水平，***表示 1%的显著性水平，LL 是统计学回归分析中自变量为命令中的自变量时的对数似然函数值，下同。

在对仓储企业数量加权后，经济因素的影响程度未发生显著变化，其他类型影响因素的主要变化特征如下：

（1）土地因素中，仓储用地价格 WLP 在全部仓储企业中呈现高度正显著性，在大宗物资仓储企业中呈现高度负显著性，表明大型企业对仓储用地价格并不敏感。例外的类型是大型大宗物资仓储企业，其需要的土地面积更大，且投资强度较低，因此对仓储用地价格较为敏感，主要布局在仓储用地价格相对较低的郊区。

（2）交通因素中，MILEAGE 和 PORT 对全部仓储企业的影响转为正向，表明相较于仓储用地价格低的区域，大型仓储企业更倾向于在交通便利的地区布局。其次，PORT 和 AIRPORT 在大宗物资仓储企业中表现出正显著性，且港口变量 PORT 回归系数高达 2.9680，远高于其他因素。其主要原因是京津冀港口群是我国北方重要的煤炭、铁矿石、集装箱进口口岸，吸引了大规模大宗物资仓储企业布局。

（3）聚集因素中，POPDENS 的显著性及系数绝对值有所提高，表明大型仓储企业的郊区化趋势更为显著，与已有研究结论一致。此外，LPARK 在危险品仓储企业中表现出正显著性，与样本中大型危险品仓储企业多布局于曹妃甸化学工业园区和天津经济开发区有关。

表 6-15　数量加权下仓储企业区位选择的回归模型估计结果

变量	模型 8	模型 9	模型 10	模型 11	模型 12	模型 13	模型 14
	全体样本	大宗物资仓储	低温仓储	农产品仓储	通用仓储	地产租赁仓储	危险品仓储
PRIMARY	−0.0009	−0.0164*	0.0024	−0.0069	0.0076	0.0168	−0.1440**
SECOND	0.0030***	0.0177***	0.0009	−0.0000	0.0036***	0.0070***	0.0020
THIRD	−0.0004**	−0.0091**	−0.0002	−0.0034**	−0.0010***	−0.0021	0.0131
WLP	0.0020***	−0.0025***	0.0002	0.0015*	0.0005	0.0017	0.0027
INDAREA	−0.0011	0.0018	−0.0356	−0.0389	0.0012	0.0034	−0.0156***
MILEAGE	0.0003***	−0.0003	0.0002	0.0006***	0.0001	−0.0005	−0.0021***
PORT	0.5500*	2.9680**	1.8120**	0.7270	−0.1530	−3.4300***	6.8810***
AIRPORT	0.1150	1.7380**	−0.1450	0.0692	0.2430	−0.3720	−19.4500***
LPARK	0.5000***	1.5990**	0.1890	−0.0741	0.7740***	0.7720	3.1370**
POPDENS	−0.0001**	0.0001	−0.0002***	−0.0001***	0.0000	−0.0002***	−0.0021
_cons	2.6320***	−0.4470	1.0423*	1.2420**	2.6384***	0.2477	0.6881
alpha	1.6137***	11.2377***	9.5030***	5.8000***	1.6627***	11.2880***	11.4400***
R^2	0.0694	0.0822	0.0127	0.0221	0.0302	0.0296	0.1399
LL	−1104.290	−193.281	−337.019	−458.685	−982.139	−306.796	−50.795

总体而言，仓储空间格局的形成是经济发展水平与人口集聚、工业化进程和产业集群等需求侧因素，以及交通、土地等供给侧因素共同作用和调和的结果（图 6-16）。其中，制造业需求是仓储企业布局的决定性因素；区域交通条件及可达性是仓储经营活动的先决条件；城市工业化进程与仓储用地供给、人口集聚等密切相关，并作用于仓储用地价格和工业用地供给能力，工业用地面积大的区县容易吸引更多大宗物资仓储企业的布局，成为仓储空间形成的约束条件。

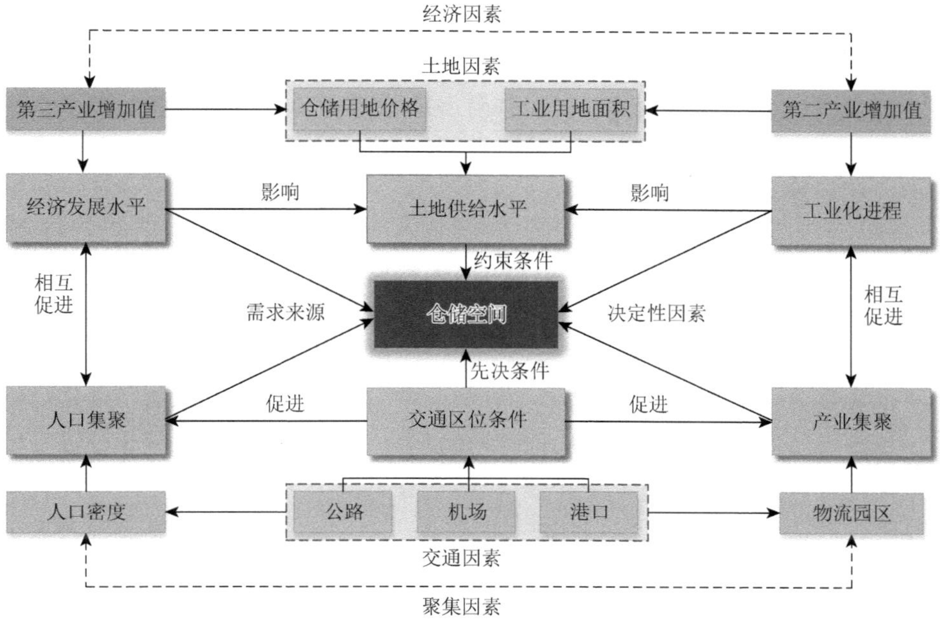

图 6-16　仓储空间格局的相互作用机制

6.3.4　结论与讨论

在京津冀协同发展的背景下，非首都功能疏解是仓储企业区位变迁的重要政策因素。由于该政策已实施 5 年时间，这为观察京津冀仓储空间演化过程提供了有利时机。运用标准差椭圆分析、核密度分析和负二项回归模型等方法，对京津冀仓储空间格局及演化过程、类型分异特征、影响区位演变的关键因素及重要性差异等开展综合分析，结果表明：

（1）京津冀仓储空间在直辖市、地级市尺度呈现先聚集后扩散的演化趋势，在区县尺度呈现由聚集到扩散，聚集与扩散并存的演化过程，重心则始终位于京津地区附近，表明京津地区仍然是仓储需求的主体。2011 年之前，北京一直是仓储企业布局的重点，仓储企业经历了快速发展和高速增长期，仓储职能不断强化；2012～2019 年，北京新增仓储企业数量显著减少，京津冀南部城市成为承接非首都仓储功能的重点地区。

（2）京津冀仓储空间演变呈现以离心性集聚为主、向心性集聚为辅的区位模式，通用仓储企业、大宗物资仓储企业的郊区化趋势比较突出；而地产租赁仓储企业和低温仓储企业更靠近城市中心区域，与商贸需求联系密切。

（3）仓储空间格局的形成是供需关系相互调和的结果，呈现出消费地和产业集聚等典型模式。制造业是导致产业型集聚的主要原因，第一、二产业增加值均与仓储企业的布局密切相关；良好的经济发展水平能够促进区域人口聚集，是促成消费地集聚的关键因素，第三产业增加值、人口密度与仓储企业数量高度负相关。第三产业增加值、人口密度、公路里程和港口等因素对大型企业的集聚作用更显著。除大宗物资仓储企业外，大型仓储企业更倾向于在交通便利而非仓储用地价格低的地区布局。

（4）在非首都功能疏解过程中，应注重不同类型仓储企业的精准施策。通用仓储企业应鼓励提档升级，集中布局；低温仓储企业和农产品仓储企业应视民生需要，适度布局；大宗物资仓储企业和危险品仓储企业应严格准入条件，限制布局；地产租赁仓储企业应鼓励面向特定企业或用户对象，定点布局。

（5）未来应完善仓储空间格局演化与制造、商贸等重点企业区位变迁的协同集聚机制的讨论；从企业退出和迁出视角，讨论仓储空间格局的稳定性以及识别不同类型城市的仓储职能。

参考文献

陆大道，2015. 京津冀城市群功能定位及协同发展[J]. 地理科学进展，34（3）：265-270.

刘思婧，李国旗，金凤君，2017. 中国星级仓库的区位选择行为与等级差异[J]. 地理科学进展，36（7）：843-852.

Sakai T，Beziat A，Heitz A，2020. Location factors for logistics facilities：Location choice modeling considering activity categories[J]. Journal of Transport Geography，85：102710.

第 7 章　仓储型物流企业和星级仓库区位特征及扩张方式

仓储型物流企业和星级仓库布局特征的认识对优化城市仓储物流空间和合理配置物流仓储用地资源有重要意义。基于2008～2014年237个中国星级仓库样本、2013年中国仓储企业120个强样本和2015年4月基于百度在线地图搜索与数据采集技术采集的13871个仓库热度数据和14067个仓储企业热度数据，从经济区、省市县、距离多尺度，实证分析不同地域、企业和区位类型的中国仓储型物流企业和星级仓库的宏观、中观和微观区位特征以及典型企业的区位扩张方式，有助于认识尺度差异下典型企业和典型设施的区位差异及一般规律。

7.1　仓储型物流企业和星级仓库类型划分

1. 仓储型物流企业分类

现阶段，国民经济行业分类、产业统计、工商注册及税目设立等方面未明确仓储型物流业类别，学术界对仓储型物流企业的分类尚无统一标准，但普遍接受运输企业、仓储企业和物流企业等表述。国内外学者主要依据主导服务功能、资产属性、服务模式等划分物流企业类型（毛海军等，2005；汝宜红等，2014）。美国农业部在仓储业发展统计中，按照服务对象和经营方式进行仓储业划分。在国家标准《物流企业分类与评估指标》（GB/T 19680—2013）中，按照提供物流服务主要功能的不同，将物流企业划分为仓储型、运输型和综合型。原中国仓储协会（现为中国仓储与配送协会）在《全国规模以上仓储企业排名办法》中，按照服务对象不同将仓储企业分为通用仓储企业、冷藏仓储企业、危险品罐储企业和危险品仓储企业。

在借鉴国内外学术界和实践界对物流企业划分的基础上，按照兼顾现状、便于衔接和统计等原则，重点选取经营方式和服务对象两个分类标准，划分仓储型物流企业类型，如图 7-1 所示。该分类可与国外普遍采用的经营方式分类衔接，也体现了地产租赁仓储企业的作用，便于全面认识不同类型仓储型物流企业的区位布局特征。

在物流企业区位类型划分的基础上，按照服务职能的不同从办公和经营两个方面划分区域类型，如图 7-1 所示。该分类体系充分考虑了服务职能对区位共用或分异的影响，便于揭示区位空间的共性和差异。

2. 星级仓库分类

仓库是物流活动的主要载体和物流设施的核心单元，具有衔接生产、流通、消费环节，创造时间价值和保存商品使用价值的作用（叶怀珍等，2014）。常见的仓库分类主要基于供应链中的位置、物资的种类和建筑物结构特点、机械化程度和储存温度等。

在《全国通用仓库等级评定办法（试行）》中，按设施条件、员工素质、服务功能、管理水平不同，将通用仓库分为一至五星五个等级。考虑到经营方式、服务行业是决定仓库区位的关键因素，且可实现与仓储型物流企业区位的衔接。因此，在京津冀仓储空间服务行业分类的基础上，从经营方式和等级上细化仓库类型，如图 7-2 所示。

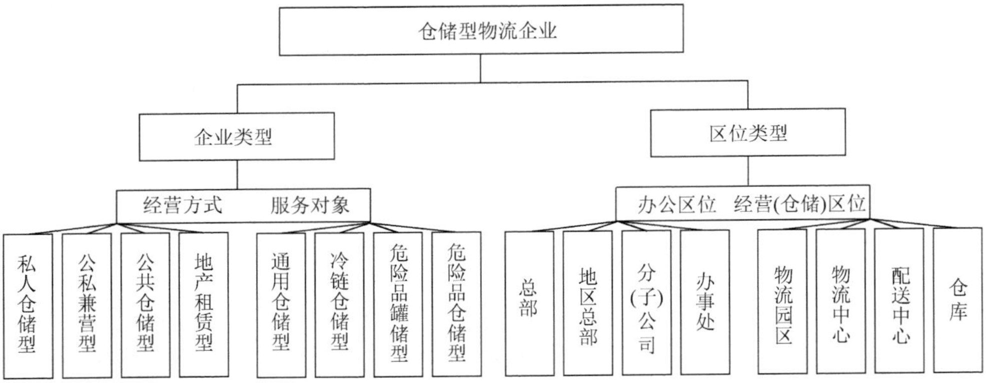

图 7-1　仓储型物流企业分类与区位类型

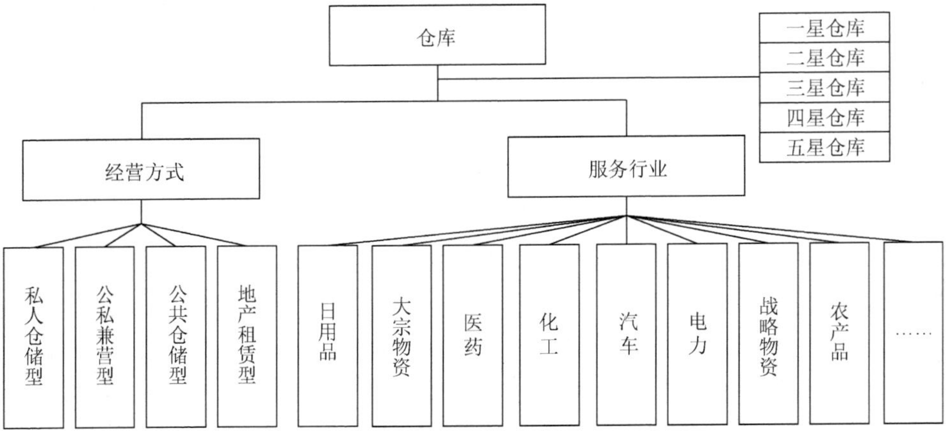

图 7-2　仓库分类

7.2　数据来源与研究方法

本研究的基础数据主要包括以下四个方面：

（1）中国星级仓库数据。该数据采集于中国通用仓库等级评定委员会依据《通用仓库等级》（GB/T 21072—2007）评定的通用仓库。2008～2014 年，共评定二星级以上仓库 302 个，其中，五星级仓库 194 个，四星级仓库 48 个，三星级仓库 49 个，二星级仓库 11 个，按照同一仓库不重复计算和最高级统计的原则，获得了五星级仓库 155 个、四星级仓库 37 个、三星级仓库 36 个、二星级仓库 9 个，合计 237 个，采集的主要数据项包括仓库名称、所属企业、地址及经纬度坐标等。

（2）2013 年中国仓储企业 120 强数据。该数据采集于中国仓储协会以 2013 年底企业自有和租用仓库设施的总规模为标准进行的企业排名，其中，通用型仓储企业 60 强、冷藏型仓储企业 40 强、危险品仓储企业 10 强和危险品罐储企业 10 强，采集的主要数据项包括企业名称、企业类型、企业办公与经营场所地址及经纬度坐标等。

（3）2006～2014 年中国仓储行业发展综合报告。该数据采集于中国仓储协会，采集主要数据项包括仓储企业数量、仓储面积、仓储业投资等。

（4）中国仓储物流热度数据。该数据源于 2015 年 4 月利用百度地图在线服务平台以“仓库”和“仓储公司或储运公司”获得的中国（不含港澳台地区）的物流热度值，采集的方法和数据的可靠性参见相关文献（李国旗等，2015）。

为满足多尺度下仓储型物流企业和星级仓库布局特征认识，以典型仓储企业和样本仓库数据为对象，按照以下四个优先级原则确定城市的中心点（表 7-1），并分别利用百度在线地图服务平台中的测距和卫星地图工具，识别区位空间依存关系及其与交通网络的关系，计算与城市中心的直线距离和交通最短距离。

表 7-1　城市中心点的选择原则

优先级	中心点类型	代表性城市
1	中心广场	北京天安门广场、上海人民广场、成都天府广场、青岛五四广场、郑州二七广场、南昌八一广场、长沙五一广场、宁波天一广场
2	标志性建筑或商业中心	重庆朝天门、天津小白楼、西安钟鼓楼、哈尔滨中央大街、南京鼓楼、沈阳中心庙、广州纪念堂、苏州玄妙观、深圳市民中心
3	市政府办公地	济宁、日照、沧州、邢台、常州、泰安、宿迁
4	中心公园	廊坊人民公园、唐山大钊公园

1. 区位空间依存关系的识别方法

对采集到的 120 家样本企业，利用百度在线地图获取企业 a 办公区位和经营区位经纬度坐标，分别用 $H_i^a=\left(x_i^a,y_i^a\right)$、$L_j^a=\left(x_j^a,y_j^a\right)$ 表示，其中，$a=1,2,\cdots,120$；$i,j=1,2,3,4$，分别与图 7-1 的区位亚类相对应，据此计算不同类型区位之间的欧氏距离：

$$D_{ij}^a=\sqrt{\left(x_i^a-x_j^a\right)^2+\left(y_i^a-y_j^a\right)^2} \tag{7-1}$$

考虑到中国绝大多数物流设施的占地面积均在 1km^2 以内，设定当 $D_{ij}^a\leqslant 1000$m 时，判别企业 a 中第 i 类办公区位和第 j 类办公区位共用，否则为分异，以此检验不同类型区位的空间依存关系。重点识别办公区位中的总部、分（子）公司与经营区位中的物流园区、物流中心、配送中心、仓库间的空间关系。同时，利用百度卫星地图识别对应位置上是否布局仓库设施或商业楼宇，进行二次校验，以保证识别结果的准确性。

2. 区位与交通网络关系的识别方法

对于采集的 237 家星级仓库和 120 家样本企业区位，按照城市交通网络形态和城市等级不同，选取有差异但又遵循相同标准的识别方法。通过对样本企业和仓库所在城市交通网络环形路网设置情况的调查，以及在既有城市交通网络设置、交通可达性和通勤时间研究成果的基础上（贾文毓，2007；李仁涵，2007；洪辉，2014），将区位与交通网络关系按照城市交通圈层结构和城市等级差异进行分析，总结其常见情形，如图 7-3 所示。

3. 直线距离和物流区位距离的识别方法

对于采集的 237 家星级仓库和 120 家样本企业区位，计算其离城市中心的直线距离 d_k 和物流区位距离 d_k'。其中，直线距离利用百度在线地图测距工具获得；物流区位距离是物流企业根据其处于不同区位和交通网络条件下实际可能选择的运行距离，可用百度地图的路径导航工具选择驾车方式，获得交通最短距离、时间最短距离和费用最省距离（d_k^m、d_k^t、d_k^c），在区位关系识别的基础上分析城市交通圈层结构和城市等级差异对物流区位距离选择识别的影响，总结其常见情形，如图 7-4 所示。

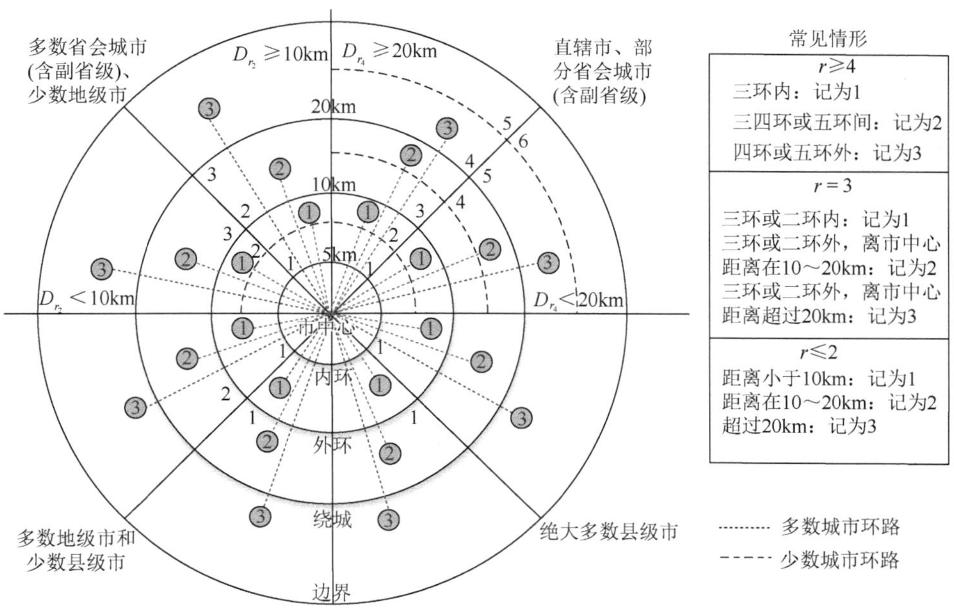

图 7-3　不同城市交通圈层结构下仓储区位与交通网络关系识别过程

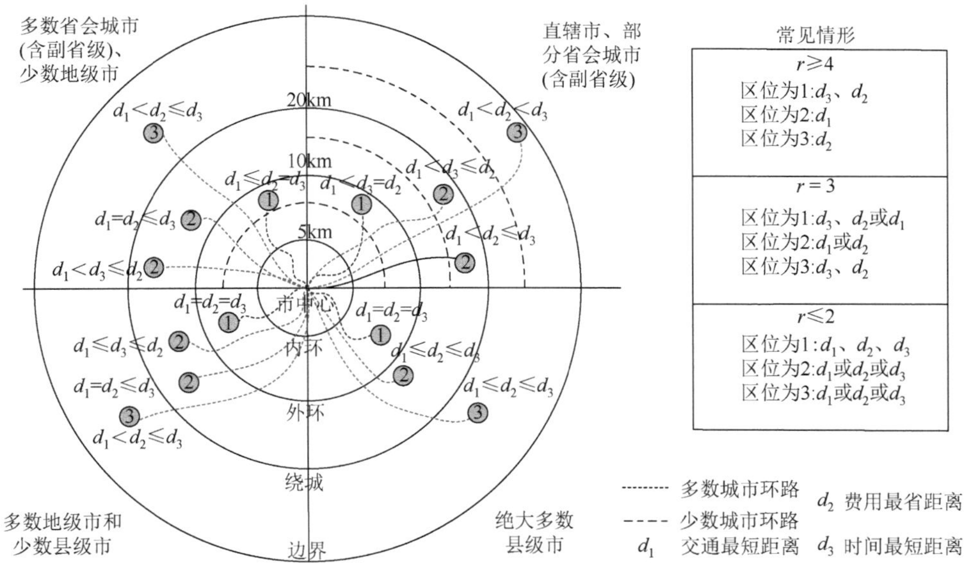

图 7-4　不同城市交通圈层结构下物流区位距离识别过程

4. 物流可达性水平与潜力测度方法

物流活动的蔓延和中心城区土地成本的增加加速了仓储活动的郊区化。在郊区化过程中，离市区的距离和区位因素成为刻画仓储区位的关键。仓储活动的空间距离更依赖实际路网条件而非欧氏距离，基于百度在线地图服务平台的路径导航工具，能够快速获取实际行驶的最短距离和时间，为深入认识仓储型物流企业区位变化和可达性提供了便捷途径。自 Hansen（汉森）于 1959 年提出交通可达性概念以来，相关测定方法和应用受到广泛关注，成为衡量区域交通设施的社会、经济与环境综合影响的重要指标（蒋海兵等，2013）。

考虑到大型仓储型物流企业拥有多个核心设施和分支机构，以构筑仓储网络，对其区位模式的评价需立足于网络和核心节点两方面。为此，改进现有交通可达性测度方法，提出仓储型物流企业可达性水平和潜力测度方法，系统认识等级、类型差异对区位布局的相互影响。

首先，利用百度在线地图服务平台的路径导航工具，采集不同样本企业i第j个仓库至不同城市中心点的最短时间（非高峰时段）及物流距离（最短行驶距离），分别用T_{ij}、d_{ij}表示；同理，采集相同样本企业的不同仓库j到不同城市k核心仓储设施的物流距离，分别用T_{jk}表示。令$i=1,2,\cdots,m$、$j=1,2,\cdots,n$、$k=1,2,\cdots,r,\cdots,s,\cdots,t$。其中，$1,2,\cdots,r$代表直辖市；$r+1,\cdots,s$代表副省级和省会城市；$s+1,\cdots,t$代表除此以外的地级市。

其次，以第i个样本企业为例，考虑等级差异对区位可达性的影响，提出仓库j到不同城市k核心仓储设施的物流可达性λ_j的计算公式：

$$\lambda_j=\frac{\sum_{k=1}^{r,s,t}T_{jk}M_k}{\sum_{k=1}^{r,s,t}M_k} \tag{7-2}$$

式中，M_k为不同城市的物流供给质量。根据数据的可获取性，本书分别采用 2014 年交通运输、仓储和邮政业就业人口和基于百度在线地图服务平台编程采集的物流兴趣点值作为质量评价指标，λ_j值越小，表示可达性越强。

考虑不同仓库j所在城市的交通可达性对物流可达性水平的影响，提出物流可达性潜力指标μ_j的计算公式：

$$\mu_j=\frac{\sum_{k=1}^{r,s,t}T_{jk}}{\sum_{k=1}^{r,s,t}D_{jk}} \tag{7-3}$$

式中，D_{jk}为不同仓库j到不同城市k的欧氏距离。μ_j越大，表示可达性潜力越大。

7.3　基于经济区尺度的区位特征

按照沿海和内陆、南方和北方，以及东部、中部、西部的划分方法[①]，对 7.2 节中获取的仓储物流热度值、星级仓库和仓储企业 120 强进行对比分析，如表 7-2 所示，以揭示中国仓储业及仓储型物流企业、星级仓库的区位特征。

表 7-2　基于仓储物流热度和仓储样本数据的宏观布局结构（%）

区划		类型			
		仓储物流热度值		仓储业数量统计值	
		仓库	仓储企业	星级仓库	仓储企业 120 强
沿海与内陆	沿海	66.84	73.92	64.14	69.17
	内陆	33.16	26.08	35.86	30.83
南方与北方	南方	70.05	67.65	67.93	60.00
	北方	29.95	32.35	32.07	40.00
东部、中部与西部	东部	64.25	70.97	64.14	67.50
	中部	18.42	13.58	19.41	18.33
	西部	17.33	15.45	16.45	14.17

沿海地区具有交通物流区位条件优越、物流需求量大、城市群密集的优势，率先成为仓储型物流企业总部及星级仓库的布局地。沿海和内陆地区的星级仓库及仓库热度值的比例结构基本一致，均呈现 2∶1 的比例关系；仓储企业热度值和仓储企业数量的比例结构基本吻合，分别呈现“2.8∶1”和“2.2∶1”的比例关系，前者与中国 A 级物流企业的布局在沿海与内陆地区呈现的“2∶1”的比例关系相吻合（王成金等，2014），既表明了样本数据的有效性和代表性，也说明互联网采集物流热度数据具有较高的可信度，且样本量越大，与互联网采集数据的相关性越强。

南方、北方作为重要的社会经济分异区域，具有不同的自然资源禀赋，对仓储型物流企业总部设置及星级仓库布局具有显著影响。南方和北方地区仓库和仓库热度值的比例结构较为吻合，分别呈现“2.3∶1”和“2.1∶1”的比例关系；仓储企业热度值和仓储企业数量呈现的比例结构基本吻合，分别呈现“2.1∶1”和“1.5∶1”的比例关系，前者与中国 A 级物流企业的布局在沿海与内陆地区呈现的“2∶1”的比例关系高度吻合（王成金等，2014）。但与 2009 年国务院发布的

① 沿海和内陆的界定：沿海地区包括北京、天津、辽宁、河北、山东、江苏、上海、浙江、福建、广东、广西和海南，其他省份为内陆地区；东部、中部、西部的界定：东部地区包括北京、天津、河北、辽宁、上海、江苏、浙江、福建、山东、广东和海南，中部地区包括山西、吉林、黑龙江、安徽、江西、河南、湖北、湖南，其他省份为西部地区。南方和北方的界定：北方包括北京、天津、内蒙古、新疆、河北、甘肃、山西、陕西、青海、山东、河南、辽宁、吉林、黑龙江、宁夏，其他省份为南方。

《物流业调整和振兴规划》中的全国性物流节点城市和2013年国家发展改革委发布的《全国物流园区发展规划》中一级物流园区布局城市存在的南北“1∶1”的比例关系不一致，这既说明政府规划与仓储企业的实际布局行为存在一定差异，也表明中国物流仓储空间布局仍然处于不均衡状态。

东部、中部、西部作为我国较早认识经济差异和地域分异特征的划分方法，对认识仓储型物流企业的宏观布局特征有积极意义。东部地区主要为经济发达、交通便捷和对外开放较早的沿海地区，集聚了长三角、珠三角和京津冀城市群等国家重点发展的世界性城市群，是外资物流企业进入中国的首选地、国有大型商贸和物流企业总部所在地和民营物流企业的主要创办地，拥有的星级仓库和大型仓储企业的数量占比分别为64.14%和67.50%，与中国A级物流企业中、东部布局占63.7%（王成金等，2014）的结果高度吻合。中、西部地区的经济发展水平、路网联通程度和外向型产业数量与东部地区相比，仍具有较大差距，区内物流一体化水平较低、物流成本较高，但成渝和长江中游城市群在国土空间开发和国家战略中仍具有重要地区承载空间，发展潜力巨大。中部地区地处我国东西地带的结合部位，具有承东启西、联南接北的重要作用，但也容易受到物流极化、传导效应的共同作用。从数量占比来看，中部地区的仓储设施和大型仓储型物流企业略高于西部地区，但仓储型物流企业的总数量少于西部地区。

7.4　基于省市县尺度的区位特征

7.4.1　仓储型物流企业

以120家仓储型物流企业为研究对象，从地域分布、服务行业、办公和经营场所区位的空间依存关系方面揭示其区位特征。

1）呈现“省级不均衡、地级市和县级高集聚”的地域分布特征

首先，从省级尺度来看，布局于24个省级行政单元，其中，上海23个、山东15个、广东11个、北京10个，占全部企业数的49.2%，处于第1级；江苏7个，湖南6个，河南和四川各5个，浙江、辽宁、河北、湖北和安徽各4个，占全部企业数的35.8%，处于第2级；天津、重庆等11个省（区、市）占全部企业数的15%，处于第3级；经济发展水平相对较低的江西、山西、青海、西藏、内蒙古、新疆、贵州7个省（区）无企业入围，体现了经济发展水平、人口总量等需求因素和交通区位等供给因素对仓储企业布局的影响。其次，从地级市尺度来看，布局于45个地级市，其中，成都和长沙各5个，武汉4个，广州、深圳、济南、郑州、合肥、苏州和淄博各3个，占地级市企业总数的42.7%；另外，在所有地级市中，山东有8个，广东有5个，江苏、河南和浙江各有3个入围，多属于民营经济、村办集体

经济发达地区。最后，从县级尺度来看，布局于12个县（县级市），其中，山东4个（潍坊诸城和高密、烟台蓬莱和莱州）、江苏3个（苏州昆山、太仓和江阴）、浙江（杭州淳安）、河南（郑州中牟）、吉林（吉林舒兰）、河北（沧州泊头）、湖南（长沙望城）各1个，多属于交通区位条件好、优势和特色产业突出的地区。

2）呈现"省级广覆盖，地级市和县级相对单一"的行业分布特征

首先，从省级尺度来看，地处第1级的仓储型物流企业具有普通仓储、冷链仓储和保税仓储功能，覆盖家电、快消品、日用品、家具、建材、服装、汽车电子、危化品等与生产生活密切相关的行业；地处第2级及以下仓储型物流企业的服务行业多局限于2～4个，仓库类型和服务行业分布不均衡情况较突出。其次，从地级市尺度来看，因产业、资源与区位不同，各有侧重，副省级城市和省会城市多覆盖产业、民生等多个方面，而中小型地级市主要侧重于普通仓储、冷链仓储和保税仓储的某一个方面，面向大宗物资、农产品、化工等特定行业。最后，从县级尺度来看，服务行业主要聚焦本地优势和支柱产业，如昆山的电子信息产业、诸城的食品加工产业、中牟的都市农业、蓬莱的水产品、泊头的鸭梨等。

3）呈现"前端共用、末端分异"的空间区位依存关系

首先，公司总部与经营场所的区位共用比例高达83.3%，充分说明了仓储设施是企业总部设置的决定性因素。由于仓储物流企业往往同时具有多个仓库、配送中心、物流中心、物流园区、物流基地等经营场所，这些场所同时成为区域总部、分公司的区位所在地。例如，广州市广百物流有限公司下属的9家分公司的区位大多与公司在东部、北部和西部布局的9个物流基地区位共用。其次，公司总部与经营场所的区位分离比例为16.7%，主要原因包括：一是受母公司区位影响，例如，芜湖安得物流股份有限公司总部从芜湖搬迁到顺德，以便与控股公司美的集团的总部一致，类似情况还存在于广州广百物流有限公司与上级公司广百集团、上海商业储运有限公司与百联集团、宝湾物流控股有限公司等；二是出于企业形象和区位稳定性的考虑，总部多设置于市区CBD地区或企业初创时期布局地，例如，普洛斯中国总部位于上海陆家嘴汇亚大厦、上海国储物流股份有限公司位于长风生态商务区汇银铭尊；三是办事处、办事机构等末端临时性办公场所与经营场所也多存在空间分异，主要原因是企业刚布局进入新城市，仓储设施尚处于选址、规划与建设阶段，为便于与政府业务部门联系，先布局于城市行政办公区，待业务正式开展后再决定是否迁移。

7.4.2 星级仓库

以237家星级仓库为研究对象，从地域分布、行业分布、空间依存关系三个方面揭示其区位特征。

1. 呈现“倒三角形”的地域分布特征

单位直辖市、省会和副省级城市、地级市、县/县级市拥有星级仓库布局值分别为16.5∶4.77∶1.84∶1.67。首先，处于最上层的直辖市，具备良好的枢纽和门户功能，成为66个星级仓库的主要集聚地，占全部星级仓库的比例为27.8%。其中，上海38个、北京11个、天津8个、重庆9个。上海作为拥有星级仓库最多的直辖市，充分说明了上海作为国际经济、金融、贸易、航运中心以及全球物流资源配置功能的国际物流枢纽城市和全球供应链管理中心的地位。其次，处于第二层的17个城市（含大连市、青岛市、宁波市、厦门市和深圳市5个副省级城市）成为105个星级仓库的布局地，占全部星级仓库的比例为44.3%。其中，位居前列的有宁波（18个）、成都（14个）、长沙（13个）、广州（11个），均为国家或区域性中心城市。再次，处于第三层的37个地级市成为68个星级仓库的布局地，占全部星级仓库的比例为28.7%。其中，位居前列的有佛山市（6个）、湘潭市（5个）、嘉兴市（4个）和唐山市（4个），是所在区域的副中心城市和国家级城市群的重要组成城市。最后，县（县级市）布局有35个星级仓库（重复统计）。其中，慈溪市8个，昆山市、余姚市、禹城市、湘潭县、陇西县各2个，这些城市多属于经济发达地区的工商城市、能源基地或大型国有企业布局地。

2. 呈现“通用集中、专业稀疏”的行业分布特征

首先，对储存保管没有特殊要求的通用仓库，以及具有重量大、体积大、占地面积广等特点的大宗物资（含大件物流）仓库数量相对集中。其中，在42个城市布局112个通用仓库，27个城市布局46个大宗物资仓库，占全部星级仓库的比例分别为47.3%和19.4%；其次，医药、保税、化工、汽车及装备制造、电力、农产品、电信、战略物资储备、家电、纸品等仓库均有分布，涉及行业广，但占全部星级仓库的比例主要为1%～3%，最高不超过6%。

3. 呈现“共用、分离相对均衡”的空间区位依存关系

星级仓库与公司总部区位共用的数量为 103 个，占全部星级仓库的比例为43.5%，主要原因是部分企业仅有1个仓库或该星级仓库为公司生产经营主基地。星级仓库与公司分公司或子公司区位共用的数量为45个，占全部星级仓库的比例为19%，主要原因为部分企业有多个仓库，围绕多个仓库设置分公司。星级仓库与公司主要经营操作区位分离数量为89，占全部星级仓库的比例为37.6%，主要原因是大多数地产租赁型企业分公司布局于市区，部分企业有多个仓库，但仅在星级仓库设置操作中心或办公室。

7.5　基于距离尺度的微观区位特征

7.5.1　仓储型物流企业

利用物流可达性水平与潜力测度方法，重点选取仓储核心设施数量较多、网点布局较均衡、数据采集可行且具有代表性的公私兼营型（九州通物流有限公司，26 个仓库；安得物流股份有限公司，12 个仓库）、公共仓储型（招商局物流集团有限公司，31 个物流网络运作节点）、地产租赁型（宝湾物流控股有限公司，24 个仓库）三类企业作为研究对象，统计不同企业仓库到城市中心点的距离和时间、基于就业人口和物流兴趣点的可达性与布局主要区域（表 7-3），以系统认识其微观区位行为。

表 7-3　典型企业的物流距离、可达性与核心区位因素

类型	地区	平均可达性		城市中心点		布局区域/家		
		就业人口	物流兴趣点	时间	距离	经济技术开发区	高新技术开发区	其他
公私兼营型	直辖市	0.1123	0.1138	39.2	22.1	3	1	2
	省会城市（含副省级城市）	0.1444	0.1424	34.5	17.6	13	10	3
	地级市及以下	0.1058	0.0958	47.0	33.8	3	1	2
公共仓储型	直辖市	0.1330	0.1317	36.8	21.9	2	0	2
	省会城市（含副省级城市）	0.1608	0.1574	36.9	21.3	10	3	5
	地级市及以下	0.1660	0.1610	34.6	30	6	1	2
地产租赁型	直辖市	0.1080	0.1059	55	40.3	1	1	2
	省会城市（含副省级城市）	0.1074	0.1063	48.9	31.7	3	1	7
	地级市及以下	0.0942	0.0899	36.8	26.1	4	1	4

危化品罐储型和危化品仓储型企业布局于政府规划的化工园区，靠近港口、铁路设施，不纳入统计；依据现阶段我国各城市普遍采取的企业集中入园经营的实际，重点选取国家经济技术开发区和高新技术开发区作为主要选址区域。

从城市中心点距离来看，地产租赁型企业宝湾物流控股有限公司占地面积最大，对土地价格的敏感程度高，多布局于靠近国家和地区中心城市的地级市（含县级市）和中西部地区的省会城市（含副省级城市）（占 79.2%），或直辖市远郊地区（40.3km），呈现远郊模式和卫星城模式；公共仓储型企业与公私兼营型企业具有类似的微观区位行为，在直辖市和省会城市，多为近郊模式（20km 左右），在地级市及以下，受服务对象、合作伙伴、固有资源等关系因素影响，多远离市区（大于 30km），呈现远郊模式。从布局区域来看，共有 45 家企业布局于国家级经济技术开发区，占全部仓储型物流企业的比例为 48.4%，充分表明了制造业是物流需求的主体和仓储型物流企业布局的主要区位要素。国家高新技术开发区占全部仓储型物流企业的比例为 20.4%，表明了物流企业发展所需的办公、创新要素的支撑。其他类主要为自贸区、综合保税区、物流园区、物流基地、交通枢纽场站及港口、货运场站、物流通道等物流运作的供给要素，占全部仓储型物流企业的比例为 31.2%，表明了物流企业发展所需场站、口岸、保税等软硬件条件的支撑。

具体到企业，从时间因素看，地产租赁型企业宝湾物流控股有限公司占地面积最大，对土地价格的敏感程度高，多布局于靠近国家和地区中心城市的地级市（含县级市）和中西部地区的省会市（含副省）（占 79.2%），或直辖市远郊地区（接近 1h），呈现远郊模式和卫星城模式；公共仓储型企业与公私兼营型企业具有类似的微观区位行为，在直辖市和省会城市，多为近郊模式，在地级市及以下，受服务对象、合作伙伴、固有资源等关系因素影响，多远离市区，呈现远郊模式。不同类型企业至不同城市的物流距离如图 7-5 所示。

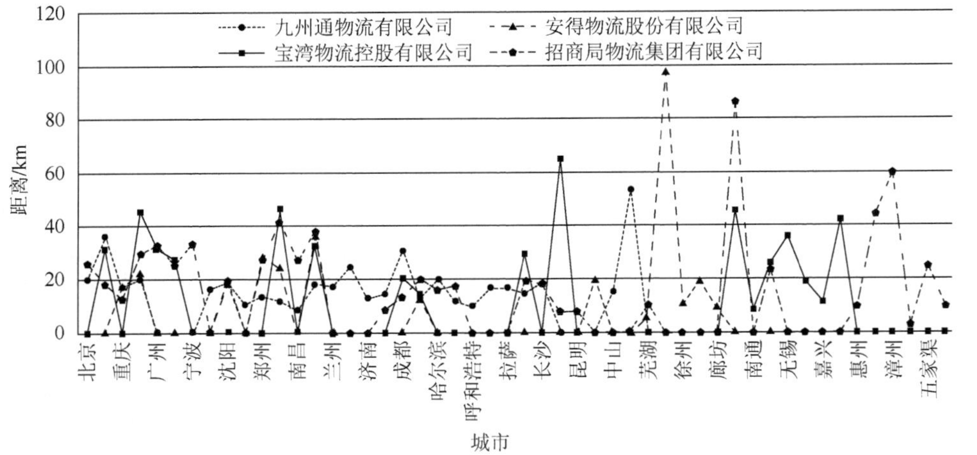

图 7-5　典型样本企业至不同城市间的物流距离

从可达性和潜力来看，不同企业受网点数量、规模和位置影响，公私兼营型企业安得物流股份有限公司和地产租赁型企业宝湾物流控股有限公司具有网点数量主要集中于东部和中部地区，且网点数量相对较少的特点，平均可达性在 0.1 左右，潜力值在 1.20～1.21。公共仓储型企业招商局物流集团有限公司和公私兼营型企业九州通物流有限公司具有网点数量多，且分布广泛的特点，平均可达性在 0.15 左右，潜力值在 1.23～1.24，体现可达性与潜力之间的反比关系。对不同等级城市而言，受城市地理位置、交通可达性和仓储企业网络结构等共同影响，呈现出三个层次：第一个层次为高可达性，主要位于经济发展水平高、地理位置好且交通区位条件优越的大部分直辖市、部分省会城市（含副省级城市）和少数地级市，如北京、上海、天津等直辖市，武汉、青岛、郑州、南京、济南、合肥、太原、西安等省会城市（含副省级城市），以及保定、廊坊、芜湖、无锡、常州等地级市。第二个层次为中可达性，主要为中西部地理条件较好且经济发展水平较高的直辖市、部分省会城市，如重庆、成都、南昌、长沙、贵阳等地，以及东部沿海地区地理位置一般但经济发展水平高，且交通区位良好的部分省会城市和地级市，如广州、深圳、杭州、宁波、珠海、苏州等。第三层次为西部地区部分省会城市、省直管县，如沈阳、哈尔滨、长春、南宁、乌鲁木齐、拉萨等，以及新疆五家渠市和贵阳威宁县等省直管县，上述地区可达性潜力最大。受不同企业总部区位的影响，部分城市的可达性就其地理位置而言，得到较大提升，例如，安得物流股份有限公司重点布局的湖北区域，宝湾物流控股有限公司重点布局的江浙区域，而网点数量相对较少的九州通物流有限公司和招商局物流集团有限公司则受总部区位的影响较小。物流可达性水平及潜力与交通可达性相比，受地理位置、仓储网络结构和物流业发展水平的影响更显著（图 7-6）。

7.5.2　星级仓库

以 237 家星级仓库为研究对象，进一步揭示距离尺度下星级仓库的微观区位特征，如表 7-4 所示。

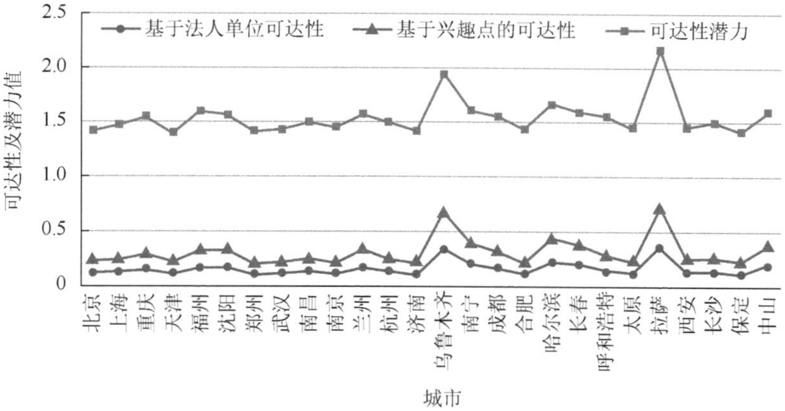

(a) 九州通物流有限公司

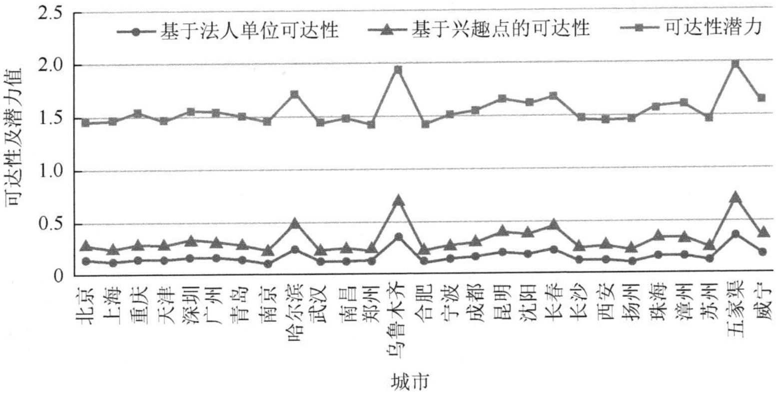

(b) 招商局物流集团有限公司

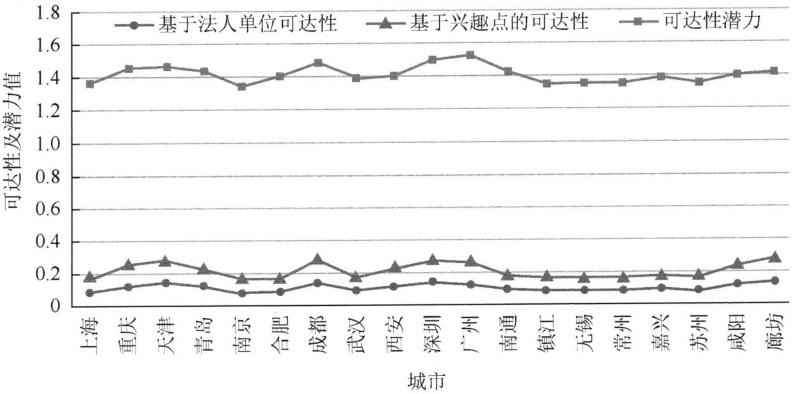

(c) 安得物流股份有限公司

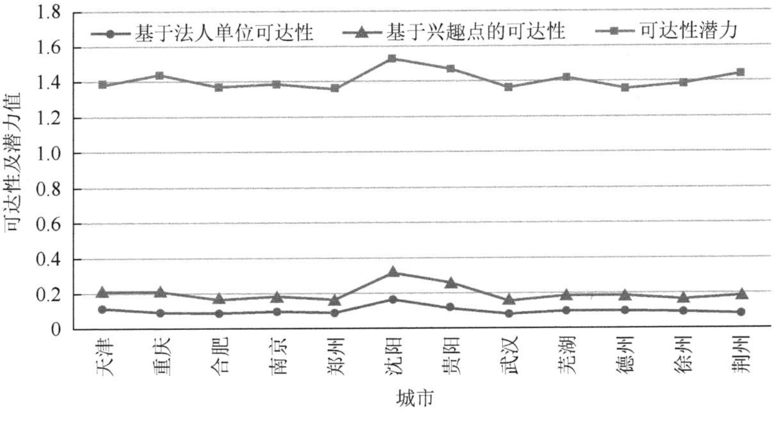

(d) 宝湾物流控股有限公司

图 7-6　典型样本企业至不同城市间的可达性及潜力值

表 7-4　星级仓库微观区位特征

类型	地区	选址区域			与交通网络关系			平均距离/km	
		工业园区	物流园区和批发市场	其他	内环-外环	外环-绕城	绕城以外	直线距离	物流区位距离
公私兼营型	直辖市	6	7	2	1	9	5	20.5	25.4
	省会城市（含副省级城市）	7	8	9	8	9	7	13.3	15.9
	地级市及以下	12	8	7	3	21	2	13.2	16.1
公共仓储型	直辖市	15	13	1	5	18	6	23.7	28.2
	省会城市（含副省级城市）	19	19	1	3	17	9	18.2	22.2
	地级市及以下	17	5	2	4	19	1	10.6	13.0
地产租赁型	直辖市	13	8	0	2	15	4	25.6	31.0
	省会城市（含副省级城市）	9	7	1	0	4	13	22.6	28.0
	地级市及以下	11	3	0	0	11	3	17.8	18.3
私人型	直辖市	1	0	0	0	0	1	30.8	35.5
	省会城市（含副省级城市）	3	4	1	3	2	3	13.1	15.6
	地级市及以下	10	0	8	2	15	1	16.3	20.3

星级仓库的布局除了与工业园区密切相关，还与各类物流园区与大型批发市场密切相关，重点选取其作为选址主要影响因素。

在选址区域上，在呈现出仓储型物流企业具有“需求、供给”双驱动特征的同时，更显示出需求主导地位，体现出政策和民生导向性以及交通依赖性。首先，从需求侧来看，共有 132 个星级仓库布局于各类工业园区，占全部星级仓库的比例为 55.7%，表明了需求对星级仓库布局的重要作用；共有 32 个星级仓库布局于城市新区、高铁站点和远郊县，全部星级仓库的比例为 13.5%，在一定程度上体现出民生导向。从供给侧来看，共用 82 个星级仓库布局于政府规划建设的物流园区、物流中心和大型生产资料批发市场，既体现了政策导向性，也表明了新区位因素对星级仓库布局的作用日渐显现。在 237 个星级仓库中，共有 66 个仓库布局于港口、机场、口岸和铁路货运场站等交通设施，表明了传统区位因素对星级仓库布局的作用不容忽视。

在布局位置上，在呈现出仓储型物流企业具有的“近郊、远郊”双驱动特征和不同类型的“远、中、近”的布局特征的同时，凸显出不同等级城市间清晰的层次关系。这种层次关系表现为数量占 60.8%的公共仓储型和地产租赁型星级仓库与原城市中心（城市中心广场、地标或中心公园）的直线距离、交通最短距离与城市等级呈显著的正比关系。另外，公私兼营型企业中省会城市（含副省级城市）和地级市及以下的直线距离、交通最短距离十分接近，符合该公司区位选择中存在的对土地价格最不敏感、距离市区较近的选址特点；私人型企业由于样本数量少，且受母公司区位布局影响大，未表现出明显的规模生产企业。

7.6　典型仓储企业区位布局与时空演化模式

7.6.1　区位布局模式

基于样本代表性、数据质量、区位分布及可获得性等原则，选择样本企业中具备全国性经营网络的普洛斯和上海顶通物流有限公司；区域性经营网络的普菲斯亿达冷链仓储（上海）有限公司和海口三顺物流股份有限公司；地方性广州市商业对外储运公司和东莞市百安石化仓储有限公司等企业为案例，刻画其区位布局模式，如表 7-5 所示。

表 7-5　典型企业的宏观布局模式及主要特征

名称	时间/年	服务行业	区域划分	宏观布局模式	核心节点
普洛斯	2003	零售、快餐、快速消费品、物流服务商、电子产品和汽车零部件	华东、华南、华北、东北和中西部地区	核心、次级和一般节点间呈现嵌套式核心-边缘模式，部分次级和一般节点为核心节点的卫星城	上海、苏州、天津、广州、北京、重庆、成都、沈阳、杭州、武汉
上海顶通物流有限公司	1998	零售、快速消费品、化妆品、电子商务	华东、华北、华南、西部、东北地区	分公司、次级节点间呈现核心边缘结构，次级节点和小节点呈现“轴-辐”模式	上海、北京、广州、重庆、沈阳
普菲斯亿达冷链仓储（上海）有限公司	2009	食品冷链	长三角及京津冀城市群	以上海、天津为基点，辐射两大城市群，逐步向沿线城市及内陆地区发展的极核辐射模式	上海、天津
海口三顺物流股份有限公司	2004	家电、食品、医药、电子商务	华南、华北、西南、华东	大型仓储基地、物流驿站、蜂巢仓间呈现“轴-辐”模式	海口、广州
广州市商业对外储运公司	1953	汽车、零售、快速消费品、保税和化工	以广州为中心，珠三角为依托，辐射华南	在城市东、北、西不同方向仓库呈现去中心化散点布局模式	广州
东莞市百安石化仓储有限公司	2005	化工	以广东为中心，向外辐射	在港口沿线散点布局模式	东莞

总体而言，仓储型物流企业的网络体系构筑多依据核心职能城市展开，核心节点多为全国性和区域性中心城市，兼具全国交通枢纽、物流节点和商贸流通节点城市职能，是国家和地区对外交流的门户。在仓储网络构筑过程中，受不同运输方式的经济运距，创始人家乡、母公司和核心客户等关系资源因素影响，不同

等级和类型的节点呈现地理邻近和关系邻近等特征。在企业规模和网点数量逐步扩张的进程中，地方性和区域性仓储型物流企业的宏观布局主要依赖核心城市和关联城市展开，层级结构较为简单，总体呈现散点布局和极核辐射模式；全国性仓储型物流企业布局周期长、节点类型多且层级关系更为复杂，总体呈现嵌套式核心-边缘模式、“轴-辐”模式及两者的混合和变形模式。

7.6.2　时空演化模式

对仓储型物流企业区位布局特征的研究表明，不同类型仓储型物流企业在不同地域呈现显著分异。上述分异过程既受不同类型企业对仓储物流用地需求及其土地价格承受力、交通设施和关系资源，以及不同等级城市的地理位置、交通区位、物流可达性及潜力等的影响，也是企业仓储网络扩张和职能分化的必然结果。基于图 7-1 的职能划分标准，对样本企业的数据分析表明，80%以上企业形成了包括公司总部、分公司、物流中心、配送中心、仓库等类型的职能单元，不同职能单元之间形成了显著的区位分离。运用演化经济地理学与空间扩张相关理论，重点选取职能单元类型多、空间分异进程较显著且类型代表性强的普洛斯、招商局物流集团有限公司、上海顶通物流有限公司作为案例，揭示职能分异下不同类型企业在不同地域的时空演化过程。

1. “接触式扩张+等级式扩张”和“区域外扩散+区域内集聚”结合的时空演化模式

以普洛斯（中国）为例，该公司于 2003 年成立，是地产租赁仓储企业的典型代表，在样本企业中拥有排名第一的仓库面积。截至 2017 年 6 月，普洛斯在中国内陆 38 个市场布局有 254 个仓库，总建筑面积 2921 万 m^2，已形成了以上海为总部，以长三角、珠三角、京津冀为核心，覆盖成渝、长江中游、山东半岛、中原城市群和东北地区核心城市扩张的高效仓储网络体系，由此形成了包括上海总部和区域分部、国际供应链管理、企业管理服务、商业保理、融资租赁、小额贷款等一系列专业化事业部或独立分公司与办事处，地方物流园、金融园、产业园区等职能类型。其中，上海、北京、重庆等直辖市和邻近上海的苏州职能类型和各类园区数量最多，空间分异最显著。

普洛斯（中国）时空演化过程主要划分为以下三个阶段：

（1）进入期（2004～2008 年），主要围绕沿海地区和内陆核心节点等物流优势区域和高等级城市构筑区域网络，形成品牌效应，控制经营风险，具有显著的等级式扩张特征，同时在上海、北京等重点区域加快建设多园区，促成区内集聚。

（2）调整期（2009～2010 年），受世界金融危机和企业经营战略等多重因素的影响，物流地产产业进入低谷期，公司基本上停止了扩张步伐。

（3）快速扩张期（2011 年至今），受益于电商业务的迅猛发展和中国物流业政策的相继出台，普洛斯加快了扩张步伐，通过收购、合资、自建等多种形式，以“接触式扩张+等级式扩张”和“区域外扩散+区域内集聚”相结合的方式实现了超常规发展，进入了“胡焕庸”线东侧的绝大多数省份城市及长三角、珠三角和京津冀城市群的次级节点城市，促进了区域外扩散和区域内集聚。

2. “等级式扩张”和“分级同步扩散”结合的时空演化模式

以招商局物流集团有限公司为例，该公司 1987 年成立的深圳市招商船舶运输（蛇口）有限公司，是总部位于香港的招商局物流集团有限公司的全资子公司，现已整合为中外运物流有限公司。作为我国最早的专业化、规模化大型物流企业之一，招商局物流集团有限公司是公共仓储型物流企业的典型代表。截至 2016 年底，招商局物流集团有限公司自有土地面积超过 200 万 m^2，自建仓库面积达到 114.8 万 m^2，经营仓库面积达 221 万 m^2，已经在华东、华北、东北、西南、西北、华中、华南 7 大经营区域拥有全国性物流网络实体，在全国 153 个城市设立了物流运作网点，达 815 个，已形成以深圳为总部，以珠三角、长三角、京津冀核心港口城市为据点，覆盖全国 34 个城市［4 个直辖市、24 个省会城市（含副省级城市）、6 个其他地级市］和 2 个省直管县的仓储网络体系。

由此可见，招商局物流集团有限公司形成了深圳总部和省级子公司、分公司、办事处和自建仓、外协仓等多种职能类型。以招商局物流集团有限公司下属的深圳公司为例，自有普通仓库面积达 2.2 万 m^2，保税仓储面积近 1 万 m^2 和外租仓库面积达 1.8 万 m^2，仓储网点覆盖深圳蛇口、前海、坪山、龙华等地，职能分异显著。招商局物流集团有限公司时空演化过程主要划分为以下两个阶段：

（1）进入期（1987～2007 年），依托等级式扩张方式，重点选择港口城市和内陆中心城市构筑骨干网络，实现直辖市全覆盖。

（2）扩张期（2008 年至今），积极响应国家物流业振兴规划政策，履行央企责任，在加快布局全国性和区域性物流节点城市的同时，进入新疆、贵州直管县等物流欠发达区域，在网络体系完善的同时实现了省会城市和地级市的分级同步分层稳定扩散。

3. “关系化扩张+等级式扩张”和“逐级梯度扩散”结合的时空演化模式

以上海顶通物流有限公司为例，该公司 1998 年成立于上海，是较早进入我国从事专业化第三方物流的合资企业，由中国最大的食品生产企业康师傅控股有限公司以及世界 500 强企业日本伊藤忠商事株式会社合资，是公私兼营型仓储企业的典型代表。截至 2016 年底，公司管理仓库总面积超过 60 万 m^2，已形成以上海为总部，覆盖 4 个直辖市、21 个省会城市（含副省级城市）和 25 个地级市的仓储网络体系，拥有 68 个物流节点。

由此可见，上海顶通物流有限公司形成了上海总部、地区子公司、分公司、自建仓和外协仓等多种职能类型。以上海总部为例，覆盖 5 个省会城市（含副省级城市）和 11 个地级市，并在上海设立三家分公司，不同类型企业职能定位与空间分异显著。上海顶通物流有限公司时空演化过程主要划分为以下三个阶段：

（1）进入期（1998～2001 年），依托“关系化扩张+等级式扩张”方式，重点进入布局母公司市场需求集中的部分城市，实现服务快速响应。

（2）扩张期（2002～2007 年），受益于中国经济快速发展和食品快消行业旺盛需求，在较短时间内以“逐级梯度扩散”方式快速进入母公司服务市场，构筑高效服务网络，降低物流成本。

（3）成熟期（2008 年至今），受金融危机和母公司市场饱和等多重因素的影响，重点选择少数市场需求旺盛，且有前期基础的城市完善网络体系。

4. 不同类型仓储型物流企业的时空演化模式

仓储型物流企业区位形成是企业自主经营行为、投资方行为、政府行为乃至消费者行为共同作用的结果，同时受行业整体环境的影响。案例研究表明，不同类型仓储型物流企业区位演化受经营性因素和政策性因素的共同作用，呈现出既类似又有差异化的时空演化模式，如图 7-7 所示。作为地产租赁型企业代表的普洛斯的演化受资金投入和市场需求环境的影响最为显著，作为公共仓储型企业代表的招商局物流集团有限公司的演化受政策性因素和市场需求环境的影响最为显著，作为公私兼营型企业代表的上海顶通物流有限公司更多关注的是需求环境的变化和经营风险。面对 2008 年金融危机带来的一系列不确定性，作为外资企业的普洛斯采取了收缩战略，待时机成熟、政策趋好时快速

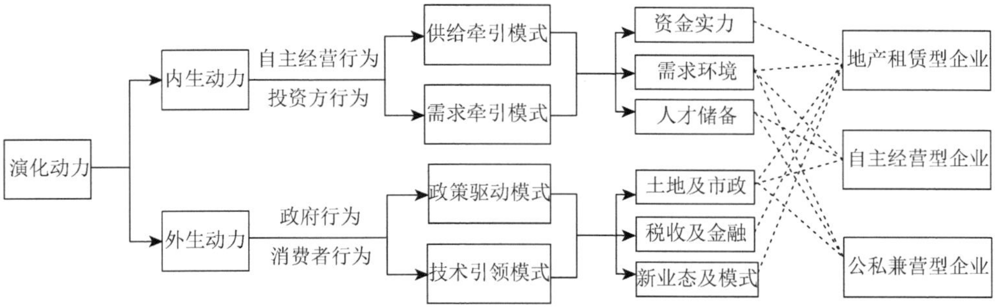

图 7-7　仓储型物流企业的演化动力与模式

扩张，一举占据了中国高端市场的大多数市场份额，成为所在类型企业的绝对领军企业。作为央企的招商局物流集团有限公司则践行社会责任，采取了稳步扩展战略，贯彻落实国家“一带一路”倡议，率先进入欠发达物流区域，以带动西部地区经济的发展。作为合资企业的上海顶通物流有限公司，受市场竞争加剧和食品行业相对饱和等因素的影响，网络构筑进入了停滞期，仅进行了局部网络的优化完善。

7.7 结论与讨论

仓储型物流企业和仓库是仓储物流空间的核心组成要素，并对物流业空间格局有重要影响。本章通过选取 237 个星级仓库、120 强仓储型物流企业作为样本，结合仓储热度数据，从分地域、分企业类型和区位类型等多个视角，基于经济区、省市县、距离多尺度，系统揭示了仓储型物流企业和星级仓库的宏观、中观和微观区位特征，主要结论如下：

（1）从区位选择的影响因素及变化来看。第一，经济总量与发展水平、人口总量及密度、消费水平等需求侧因素，以及地理区位、交通区位等供给侧因素是影响仓储业空间布局的先决条件，不同地区既有粮食、商业、石油、煤炭、化工等国有储运企业对星级仓库和星级物流企业形成产生了重要影响；第二，各地政府建设的大型批发市场、国家级工业园区、物流园区、物流中心和货运场站等共同形成的物流集群、物流枢纽对降低车辆空驶、缓解交通拥堵有重要作用，并促进了新建仓库和新设立仓储型物流企业区位共用；第三，城市新区、高铁站点等城市优势战略空间在仓储业布局中的作用日渐显现；第四，受城市空间扩张和功能调整的影响，原有港口、货运场站、公路枢纽、机场等传统区位因素对仓储业布局的影响减弱，空间郊区化趋势显著；第五，具有国家中心城市、门户城市的直辖市和副省级城市，空间布局覆盖广和高集聚态势显著。

（2）从区位布局的共性统计规律看。首先，结合国内城市形态演变和城市空间扩展研究的有关成果，将城市空间范围划分为中心城区、城市建成区、近郊区、远郊区、城市新区（卫星城市）五个圈层。其次，在区位与交通网络关系识别方法、直线距离和物流区位距离的识别方法和数据分析的基础上，结合城市环路网络设置和交通可达性、通勤时间等研究成果，将城市交通网络按照距离进一步划分为内环（$d \leqslant 5\text{km}$）、外环（$5 < d \leqslant 10\text{km}$）、绕城（$10\text{km} < d \leqslant 20\text{km}$）、第二绕城（$20\text{km} < d \leqslant 50\text{km}$）乃至环都市区高速公路（$d > 50\text{km}$）五个圈层。再次，结合中国城市职能与都市区经济圈职能划分研究成果，将影响物流业布局的主要职能划分为金融、信息和商务职能；居住、市场、高新技术和客运职能；制造、居住、市场、货运职能；制造、市场、金融和客货运职能；制造和客货运职能。最后，对基于距离尺度的微观区位特征数据进行分析，得到中国仓储型物流企业和星级仓库区位布局共性统计规律，如图 7-8 所示，可总结为三个方面：从空间范围看，集中于城市建成区与近郊区间，城市等级越高，远郊区趋势越明显，尤其是地产租赁型企业，多选址于城市远郊区；从路网与距离关系看，集中在外环与绕城间，地产租赁型和公共仓储型企业在绕城外布局的数量较多、比例较高；从职能关系看，与市场、制造、货运职能的密切程度最高，与居住、高新技术的密切程度次之。

（3）从研究局限性和未来拓展研究方向看。在平台经济、共享经济、众筹模式等的推动下，物流业组织方式正在发生重构，仓储物流空间及组织形态加快演变，职能类型显著分异，区位演化的新区位因素不断涌现。但新业态企业正处于孵化和初创时期，尚未进入样本企业名单。首先，需要增加样本数量、类型和覆盖范围，尽可能覆盖到具有不同代表性的城市，特别是西部地区和东北地区。其次，需要进一步考虑土地价格对区位的影响，将其作为影响区位变化的重要因素。

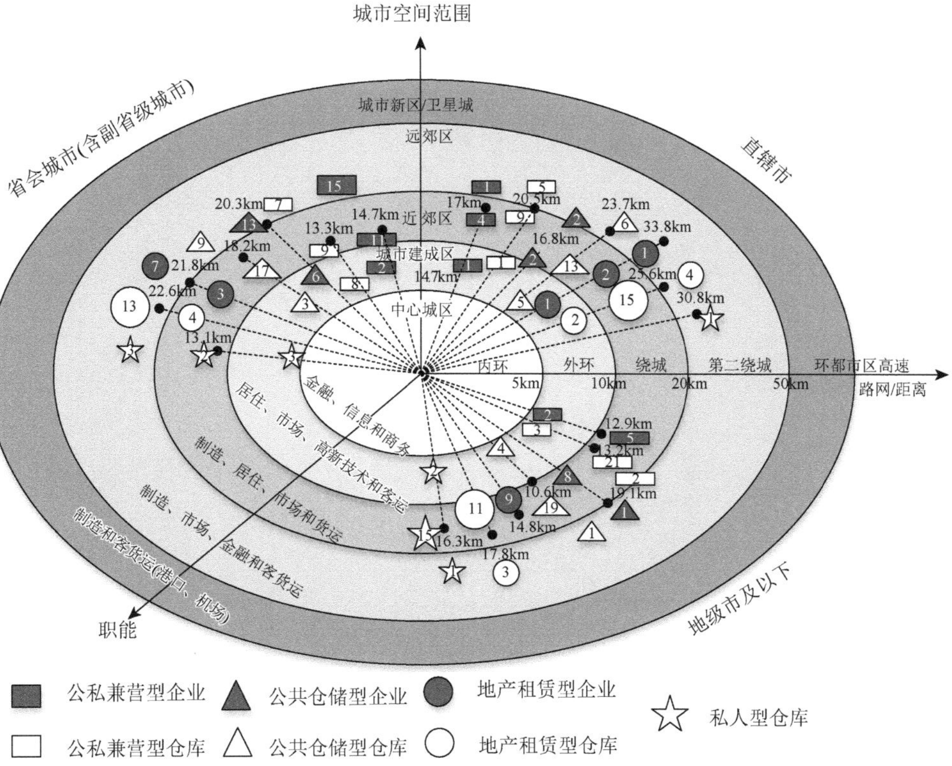

图 7-8 中国仓储型物流企业和星级仓库区位布局的共性统计规律

再次，需要在距离分析的基础上增加时间分析，并与城市通勤圈的研究结合，体现不同类型城市仓储的时空变化特征。最后，应在现有环路网络的基础上，充分考虑不同类型路网，以及公司规模、成立时间、市场服务区域对仓储业布局的重要影响。

参 考 文 献

洪辉，2014. 世界城市功能的空间格局及其形成机理[D]. 北京. 中国科学院研究生院.

贾文毓，2007. 中国城市环线道路间距模型与案例[J]. 地理学报，62（6）：571-578.

蒋海兵，张文忠，祁毅，等，2013. 区域交通基础设施可达性研究进展[J]. 地理科学进展，32（5）：807-817.

李国旗，金凤君，陈娱，等，2015. 基于物流热度的中国物流业空间格局[J]. 地理科学进展，34（5）：629-637.

李仁涵，2007. 我国大都市交通圈发展模式的研究：以上海大都市为例[D].上海：同济大学.

刘思婧，李国旗，金凤君，2017. 中国星级仓库的区位选择行为与等级差异[J]. 地理科学进展，36（7）：843-852.

毛海军，张永，李旭宏，2005. 物流企业分类模型[J]. 交通运输工程学报，5（2）：117-121.

汝宜红，田源，2014. 物流学[M]. 2 版. 北京：高等教育出版社.

王成金，张梦天，2014. 中国物流企业的布局特征与形成机制[J]. 地理科学进展，33（1）：134-144.

叶怀珍，张小强，李国旗，2014. 现代物流学[M]. 3 版.北京：高等教育出版社.

第 8 章　成都物流空间演化过程及区位特征

成都是西部地区最早开展专业物流规划的城市之一，在 2005 年对外发布了《成都市现代物流业发展规划纲要》。根据内外部环境变化，又分别于 2009 年完成了规划修编工作，2013 年出台了《成都市现代物流业发展“十二五”规划》，2014 年开展了物流业发展总体规划编制，2017 年出台《成都市现代物流业发展“十三五”规划》。成都物流用地区域、物流节点体系逐步完善，物流空间变化明显。本章通过深入认识政府规划导向下物流空间格局演化过程及区位特征，能够为中西部同类城市提供参考。

8.1　数据来源与处理及研究方法

1. 数据来源与处理

本章研究数据主要来源于政府统计数据、问卷调查数据、物流企业工商注册数据、POI 数据、规划数据等。其中，政府统计数据来源于《四川统计年鉴》（1986～2020）、《成都统计年鉴》（1986～2020）、《四川经济地理》（1985 年版）；问卷调查数据来源于政府和行业协会组织的物流节点调查；物流企业工商注册数据来源于国家工商信息公示系统；POI 数据来源于百度地图；规划数据来源于城市总体规划、土地利用规划和物流业发展规划。从统计数据、调查数据、线上数据、规划数据综合集成视角，有助于从多维度和长周期认识特大城市物流空间区位演化过程。

2. 研究方法

本章的研究方法以长周期的描述性统计分析为主，重点揭示成都货运量、货运周转量、交通运输、仓储和邮政业法人单位、物流园区、配送中心等物流业典型统计指标的变化情况，以综合反映变化的幅度及其比例结构特征，体现物流空间演化的总体趋势。

8.2　成都物流业在四川省的整体水平与定位变化

重点选取铁路和公路货运量，并结合人口、经济指标的分析，了解 1982～2017 年成都物流业在四川省的占比变化情况（刘清泉，1985）。

1. 20 世纪 80 年代初期（1982 年）

从铁路货运量来看，成都作为四川省省会，其 1982 年人口占全省的比例为 8.4%，工农业产值占全省的比例接近 24%。铁路货运到达量占全省的比例为 20.4%，发送量占全省的比例为 9.9%，分别低于重庆地区的 21.8%和 19.9%，以及渡口地区的 21.28%和 16.16%。成都、重庆与渡口（1987 年更名为攀枝花）是铁路运输的三个主要城市，如图 8-1 所示。但成都铁路货运量仅位居第三，工业产品适合铁路运输的比例不高，且辐射范围有限，铁路货运并未占据主导地位。

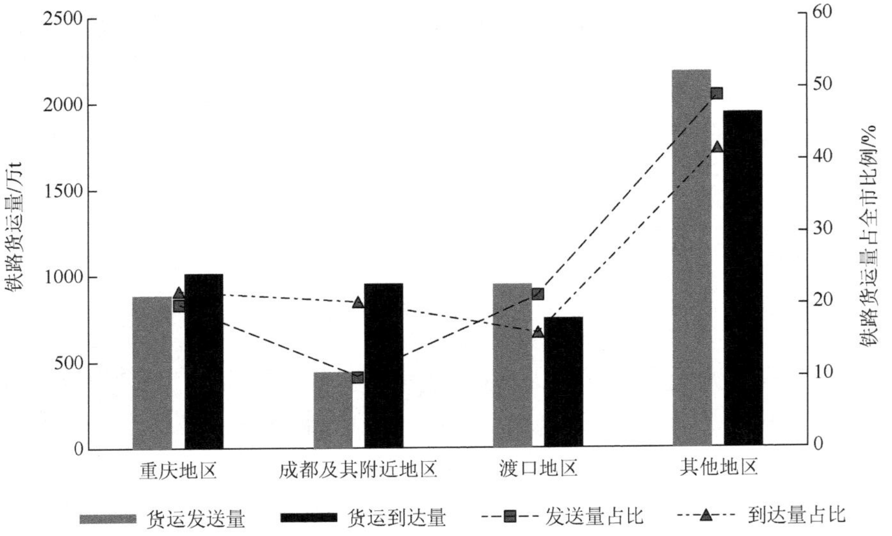

图 8-1　1982 年四川省铁路货运量分地区分布图

从公路货运量来看，1982 年，成渝两市的货运量为 2456 万 t，占全省的比例为 39.6%；东部盆地山区各地区货运量为 1912 万 t，占全省的比例为 30.9%；西部高原山区（指渡口、凉山、甘孜、阿坝地区）货运量为 570 万 t，占全省的比例为 9.1%；成渝和东部盆地是公路运量的主要区域，成渝两地占比并未达到主导地位，如图 8-2 所示。

2. 重庆直辖后的 20 世纪 90 年代末期（1999 年）

1998 年重庆直辖后，成都以四川省 15.5%的人口、36.3%的 GDP，承担了 50.7%的铁路货运量，39.2%的公路货运量，这两项指标较 1982 年均有大幅度提升，如图 8-3 所示，表明其已成为四川省物流主枢纽，具备较强的辐射带动能力。

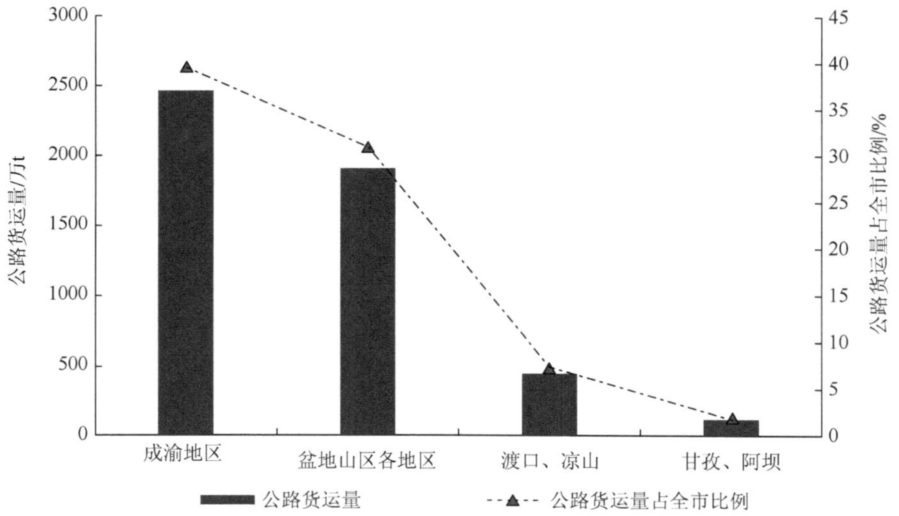

图 8-2　1982 年四川省公路货运量分地区分布图

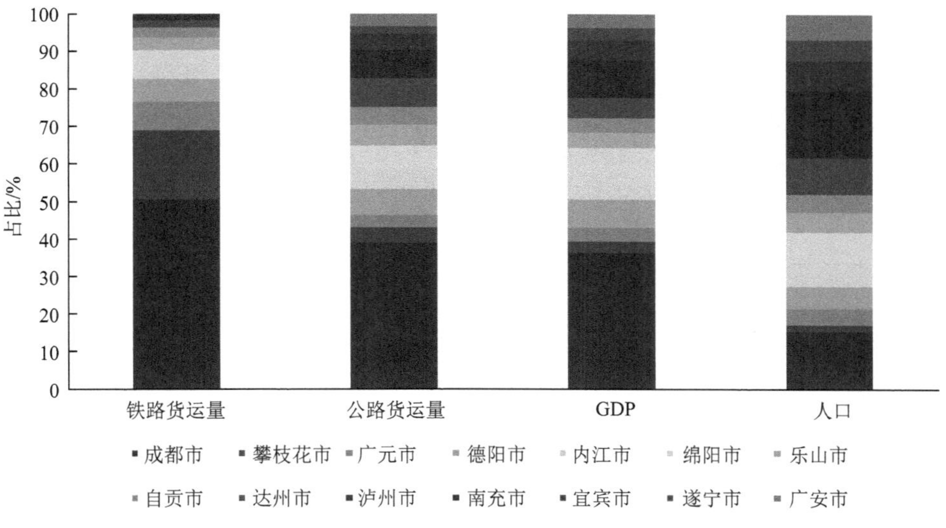

图 8-3　1999 年四川省主要城市货运量、GDP 和人口占比

3. 作为国家中心城市的新发展时期（2017 年）

2016 年获批作为国家中心城市，成都人口和经济加快集聚，到 2017 年，人口占全省的比例达 19.3%，GDP 占全省的比例为 37.6%，但仅承担了 16.5%的公路货运量和 14.8%的铁路货运量，货运量占比的下降表明由于四川省综合交通体系的建设与发展，其他地区的货运条件得到了较大改善，成都市作为货运集散中心的地位下降，当然也在一定程度上说明了成都市产业结构持续优化，重工业占比降低。

通过重点选取各市（州）交通运输、仓储和邮政业法人单位数占比作为分析指标，分析全国三次经济普查（2004 年、2008 年、2013 年）过程中成都及各市（州）占比变化情况，如表 8-1 所示。结果表明：法人单位数占比呈现出稳定的比例结构体系，A、B、C 三类城市呈现 7∶10∶3 的结构。成都始终处于第一位，占比在 30%～35%。排序两端城市无明显变化，前三强始终由成都、泸州和宜宾包揽，最后为甘孜州；占比上升最快的城市为攀枝花（10→4），下降最快的为内江（4→11）。

自 2001 年以来，表征物流市场主体的企业数量总体呈现较稳定的发展态势，成都企业数量经历了 2008 年的下降，呈现出稳步上升趋势，泸州和宜宾两市作为港口城市，物流业发展基础较好；成都周边的资阳、眉山、雅安、遂宁等地，受成都虹吸效应的影响较显著，法人单位数较少，说明企业总部设置仍然偏好于大城市地区，成都周边的德阳、绵阳地区工业基础更好，与成都一体化程度较高，排名有所回升。

表 8-1　各市（州）交通运输、仓储和邮政业法人单位数占比变化

占比	变化情况	城市及排名变化	占比变化/%
A 类城市：（＞10%）	稳定不变	成都（1）	35.3→31.4→34.2
B 类城市：（3%～10%）	稳定不变	自贡（12）	47.8→52.4→50.7
	排名上升	泸州（3→2）、凉山（7→6）、德阳（9→5）、攀枝花（10→4）、绵阳（11→8）、	
	排名下降	宜宾（2→3）、内江（4→11）、达州（6→9）、南充（8→10）、乐山（5→7）	
C 类城市：（＜3%）	稳定不变	甘孜（21）	16.9→16.2→15.1
	排名上升	眉山（16→13）、巴中（17→14）、资阳（18→16）、雅安（19→17）、阿坝（20→19）	
	排名下降	广元（13→15）、遂宁（14→20）、广安（15→18）	

从四川省物流发展规划对成都的定位变化来看，在“十一五”时期，成都作为四川省唯一的一级物流节点城市，是重点建设的三大物流区域之一，如图 8-4 所示。

“十三五”时期，四川省物流空间格局调整为“一核五极多点”，成都定位为国家中心城市、全国性核心节点城市和全省物流核心枢纽；全国大宗物资集散分拨中心和亚欧铁路货物转运中心；国内第四大国际航空客货运枢纽，成都地位得到进一步强化，如图 8-5 所示。

进入“十四五”时期，四川省物流空间格局优化为“一核两翼四区”。成都发展的空间进一步扩宽，并注重区域一体化发展，成都都市圈作为国家重点建设的核心圈，发展目标为打造成为全国物流发展的重要增长极和极具竞争力的国际物流枢纽，带动全省物流业高质量发展，如图 8-6 所示。

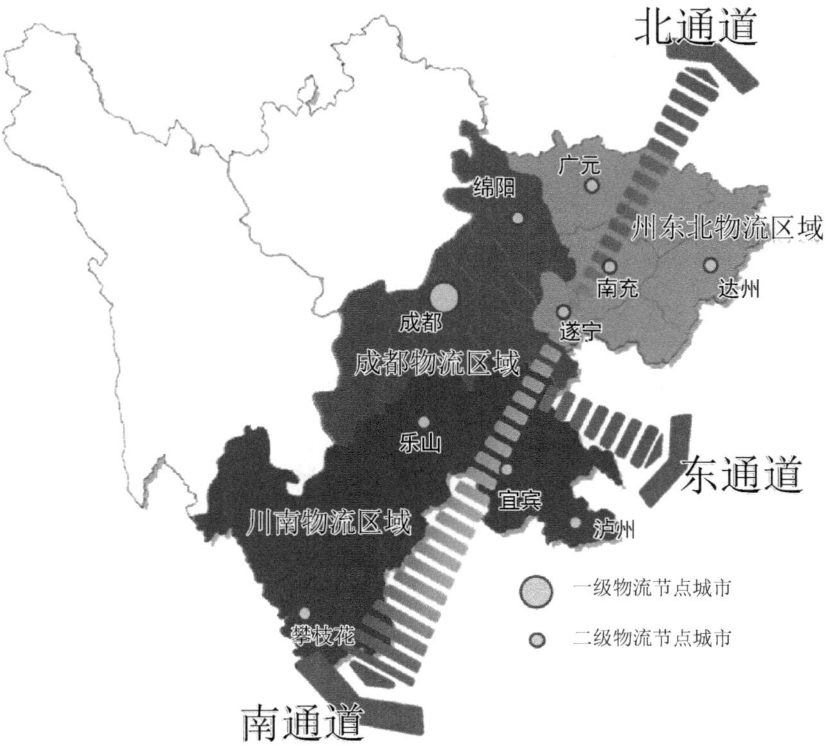

图 8-4　四川省“十一五”时期物流空间结构

图 8-5　四川省“十三五”时期物流空间布局

（来源：四川日报）

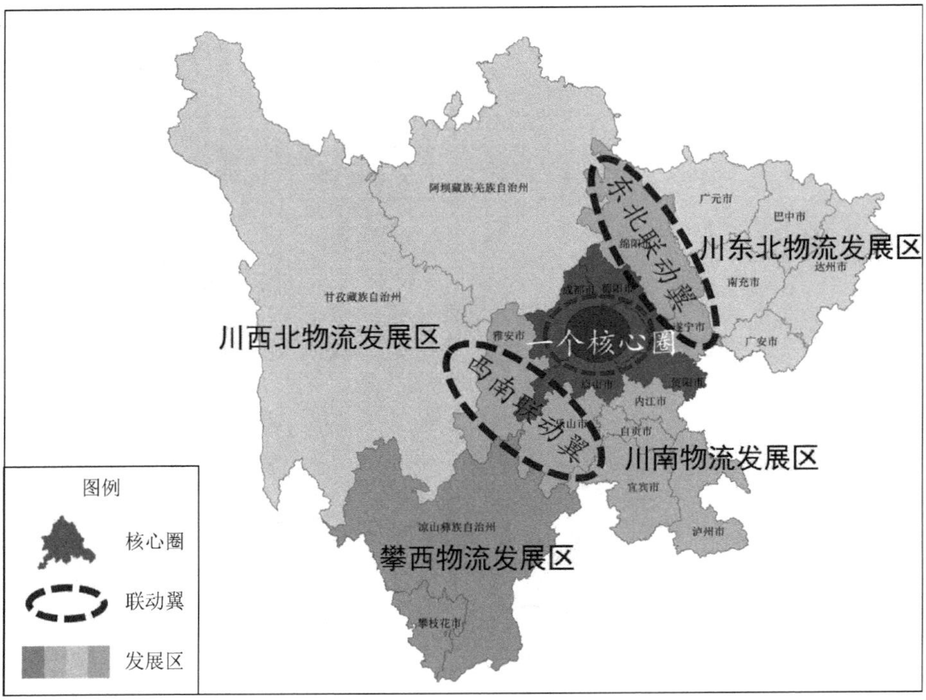

图 8-6　四川省“十四五”时期物流空间布局体系

（来源：《四川省“十四五”现代物流发展规划》）

8.3　成都物流空间演化阶段划分与区位特征

成都物流空间演化经历了 2003 年之前的企业自主发展形成的相对分散状态后，经过几轮物流发展规划的空间布局调整，可分为四个阶段（张方风，刘军，2010；陈仲维，2010）。

8.3.1　起步阶段（2003 年之前）

成都物流空间主要集中在铁路和公路两个方面。成都东站作为区域性编组站，是当时西南地区最大的编组站，在路网上占有重要地位，担负着枢纽内全部货物的到发作业和解编作业，并承担整车零担运输、货物装卸存储、集装箱运输等。成都西站定位为以鲜活食品物资为主的综合性货运站，位于成都铁路枢纽的西环线上，为规划的第二综合性货运站。青白江站和大弯站为工业站，其中，青白江站主要担负成灌线的车辆到发和解编作业，以前是成都枢纽内第二大货运站。由于达成铁路、北环线的相继建成，现在的川化专用线已改由大弯站接轨，大弯站已取代青白江站成为主要货运站。洪安乡站为危险品货运站，其他的中间站主要办理列车交会作业，部分车站办理少量货运作业。

据调查，该时期的成都仓库数量较多，范围较广，全市各行各业都有自己的仓库，基本能够满足当时社会经济发展的需要，但仓库水平参差不齐，只有部分仓库设施较先进，机械化水平较高，管理也比较现代化。大部分现有仓库功能单一，总体利用率不高，除极少数仓库兼有再加工功能外，大部分只承担仓储的功能，而且有相当一部分仓库处于闲置状态，资源没有得到充分利用。据不完全统计，仓储用地面积为 876.3 万 m^2，占总用地面积的 2.2%，其中重点仓储企业调查数据如表 8-2 所示。

表 8-2　成都仓储分类分布及概况

分类	高端干货仓	中低端干货仓	冷藏（冻）仓	化工、危险品仓
供需情况	需求大于供给	供需基本平衡	需求大于供给	供给大于需求
地理分布	主要分布在中储、国际医药、成铁材料厂	主要分布在火车东站二仙桥、南部神仙树、北郊天回镇附近	主要分布在驷马桥附近	主要分布在龙潭寺附近
总面积	约有 8 万 m^2	约有 120 万 m^2	其中冷藏仓有 1.5 万 m^2，冷冻仓有 2 万 m^2	约有 5 万 m^2
所有制情况	80%国有，20%民营、合资	90%国有，10%民营、合资	95%国有	95%国有

数据来源：《成都物流发展规划研究报告》。

具体来说，成都 20 世纪 50 年代初期修建的大量仓库和铁路专营线主要集中在八里庄、二仙桥、天回镇、龙潭寺、神仙树等地区，而且这些仓库在 2005 年左右绝大部分仍在使用。

在成都物流空间演化的起步阶段，主要的代表性物流节点包括：

（1）中储成都物流中心，坐落于成都三环路南段北侧，距成都火车南站 1.3km，距成都火车南站集装箱货场 0.5km，距双流国际机场 7km，距成渝高速公路入口 3km，距成雅（安）、成乐（山）高速公路入口 3km，距成都交通主动脉人民南路南延线 0.5km，各种车辆出入十分方便。

（2）全国性公路货运主枢纽站——成都公路国际物流中心部分建成。成都公路国际物流中心由成渝高速公路货运中心调整而来，通过功能重新定位，融入了物流理念，中心位于成渝高速公路起点附近成华区建材路，一期占地 146 亩①，投资 8600 万元，已建成国际堆场 2 万 m^2，国内堆场 1.8 万 m^2，立体仓库 7000m^2，联检大楼 5600m^2，2002 年 5 月 22 日开始运行，当时作为公路口岸的承载区域。

① 1 亩≈666.7m^2。

8.3.2　初步形成阶段（2004～2008 年）

在成都城市总体规划（2003～2020）中，成都提出重点形成北部、南部两大区域物流中心和四个区域配送中心，建成西南地区的物流中心城市之一。2005 年，《成都市现代物流业发展规划纲要》提出重点建设以“三园区、四中心、若干服务站”为核心的物流空间体系。其中，中心城内已经批准设立 11 个物流服务站，主要分布在三环路沿线区域，中心城外批准了广州本田西部物流商务中心。

据调查，2003 年成都北部（青白江片区）和南部（双流片区）物流量分别占全市物流总量的 29%和 23%。在《成都市现代物流业发展规划纲要》的编制过程中，提出重点依托成都铁路枢纽设置的青白江和大湾货运场站，建设青白江集装箱物流园区、青白江散货物流园区；依托成都双流机场，建设了成都航空物流园区。

其次，成都北部的新都区及金牛区、东部的龙泉驿区、南部的双流区和高新区的物流交易量约占全市物流交易量的 40%。北部新都区以家具、农副产品、制造业为主导的行业每年产生约 1340 万 t 的物流量，而且汇集全成都的公路货运场站，每天产生 3500～4000 辆的停车需求；东部龙泉驿区集中危化品、花卉、农产品，且正在建设汽车产业城；南部双流县以及紧邻的高新区产生大量互联网技术、通信、电子物流，其中紧邻的武侯区还承担着全市约 18%的家具、装饰材料物流量以及 36%的汽车汽配销售物流量。因此，在双流、新都、龙泉建设三个物流中心，在高新区建设保税物流中心。最后，面向专业市场、连锁超市、工业集中发展区、大型工业企业和重大交通设施建设一批专业化配送服务站（配送中心），合计约 50 个。在物流服务站设置过程中，遵循在三环及其以外地区、二环路以内、二环与三环间尽量少，三环附近酌情布局的基本原则。

8.3.3　基本完善阶段（2009～2015 年）

2009 年《成都市现代物流业发展规划修编（2009—2020）》沿用了 2005 年实施的《成都市现代物流业发展规划纲要》提出的三级物流体系结构。在 2005 年实施的《成都市现代物流业发展规划纲要》的基础上，结合普兴货运场站建设和园区发展的要求，新增了新津物流园区，成都现代物流业发展框架体系调整为“一网二平台、四园区四中心、若干物流服务站”，如图 8-7 所示。

在“十二五”期间，成都明确提出了“一区两园三口岸”口岸服务体系，分别依托空港、铁路和公路口岸，建设双流空港保税物流中心、青白江保税物流中心、龙泉保税物流中心，形成完善的保税物流服务体系。

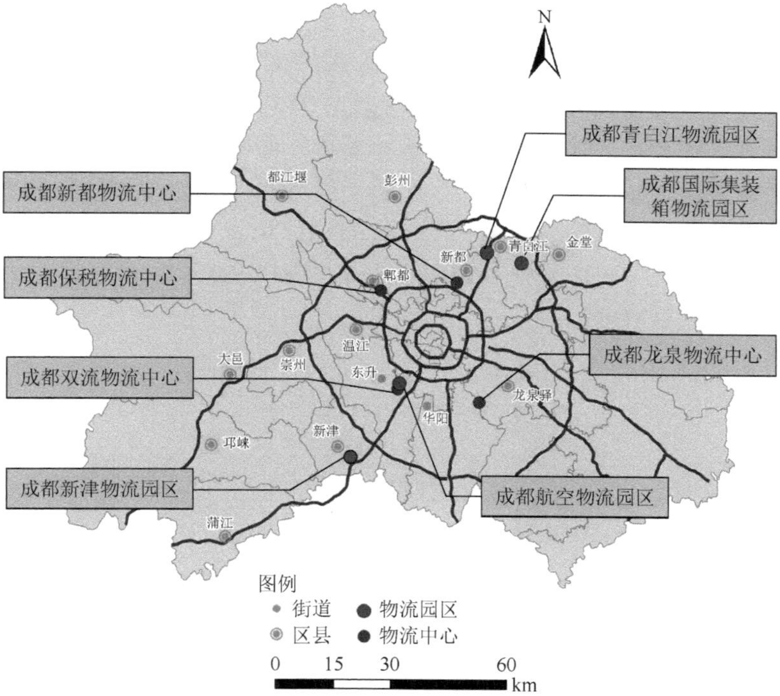

图 8-7　成都“十二五”时期物流节点空间布局

（来源：《成都市物流发展规划研究报告》）

8.3.4　成熟发展阶段（2016 年至今）

据统计，截至 2015 年，成都注册物流企业达 4000 余家，营业收入 10 亿元以上、1 亿元以上和 1000 万元以上物流企业分别为 21 家、65 家和 654 家。物流集中发展区聚集美国联合包裹运送服务公司、美国联邦快递集团、TNT 国际快递、DHL 公司、中国远洋海运集团有限公司、中国外运股份有限公司、中国物流集团有限公司等国内外知名物流企业共计 100 余家。“十二五”期间，物流产业发展提速增效，产业规模和质量显著提高，社会物流总费用与 GDP 占比进一步下降，服务能力和服务水平显著提升。2015 年全市社会物流总费用比 2010 年增长 2.13 倍，年均增长 16.3%；物流业实现增加值比 2010 年增长 2.19 倍，年均增长 17%，物流业快速发展为社会经济注入了强劲动力，也对物流空间提出了新要求。

在“一带一路”倡议下，成都正实现由传统内陆城市向新兴口岸城市转变、由开放战略后方向开放战略前沿转变、由区域中心城市向国家中心城市和国际性区域中心城市转变，有力拓展了经济发展空间和腹地，逐步成长为具有全球影响力的国际物流枢纽（杨博维，杨继瑞，2012）。

四川内陆自贸区、天府新区、成都天府国际机场建设等诸多机遇叠加，对成都物流空间体系提出了更高要求。根据成都现代物流业发展战略定位和发展目标，坚持物流规划空间布局服务于城市品牌打造、城市民生改善、产业经济发展、区域物流合作、城市交通衔接需求的“五个服务”原则，整合设施存量，合理配置增量，成都提出构建“五园区、六中心、若干服务站（末端配送点）”的“5+6+*N*”市域物流节点设施空间布局体系（图 8-8、表 8-3 和表 8-4），形成布局合理、功能完善的现代物流节点设施，促进现代物流业与现代农业、先进制造业、商贸流通业等相关产业积极联动。

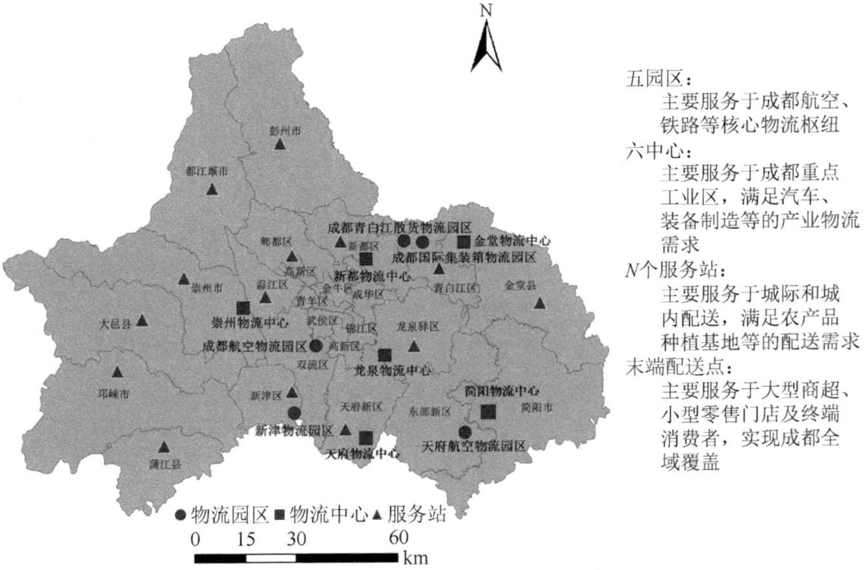

图 8-8　成都“十三五”时期物流节点空间布局

（来源：《成都市物流发展规划研究报告》）

表 8-3　成都“十三五”时期物流园区空间布局

物流园区名称	地址	空间布局
成都航空物流园区	双流区	主要依托双流国际机场，在机场国际国内货运站附近建设西部地区最大的航空物流枢纽，由 13 个功能区组成：查验货场区、口岸作业区、特货代理区、监管保税区、口岸管理区、货运代理区、快件区、物流配套服务区、仓储配送区、物资集散区、中转分拨区、货运中转区、赈灾物资储备区
成都国际集装箱物流园区	青白江区城厢镇	依托成都青白江区北部铁路集装箱中心站建设运营，目前分为一个集装箱物流区、一个保税物流区、一个中央商务区和两个工贸配送区
成都青白江散货物流园区	青白江区大同镇	依托成都青白江大湾铁路货运场站建设运营，目前分为公铁联运物流区、铁路专用线物流区和物流仓储配送区三个功能区

续表

物流园区名称	地址	空间布局
新津物流园区	新津县普兴、金华镇	依托普兴铁路货运场站建设运营，新津物流园区规划功能区包括现代仓储区、物流分拨区、中转联运区、工贸配送区和口岸区
天府航空物流园区	简阳市芦葭镇	天府航空物流园区主要依托成都天府国际机场，在规划的机场国际国内货运站附近规划建设航空物流枢纽

表 8-4　成都“十三五”时期物流中心空间布局与功能定位

物流中心名称	地址	空间布局	功能定位
龙泉物流中心	成都经济技术开发区	北部片区位于龙泉驿区黄土镇、洪安镇，南部片区位于龙泉驿区柏合镇	辐射成渝经济区、面向川东的区域分拨中心，支持“大车城”工业板块，为汽车（含新能源汽车）、精密器械及智能制造装备、航天等产业发展提供物流支撑。辐射川中、川东及成渝经济带城市配送城际分拨等。依托公路运输和公铁、公水联运，服务川渝经济带，建设辐射中西部地区，面向长江经济带的区域性综合型物流中心
新都物流中心	新都区	位于成都中心城区北部、新都区西北部	连接全国的公路货运枢纽，面向川北的区域分拨中心。依托城市北面的成绵高速、川陕公路和绕城高速等公路网络，建设辐射四川北部经济区域及北面邻近省市的区域性综合型物流中心
崇州物流中心	崇州市	位于崇州市羊马镇和江源镇	面向川西的区域分拨中心。依托第二绕城和成温邛高速，建设辐射成都西部地区集公路货运集散、中转分拨、仓储配送、物流信息等服务于一体的区域性综合型公路物流中心
天府物流中心	天府新区南部	位于天府新区南部，涉及天府新区直管区、双流区、新津县	辐射川南的区域分拨中心，支持“大创造”工业板块，为研发和创新产业、军民融合产业、生物医药等产业发展提供物流支撑，主要包括货运集散、中转分拨、仓储加工、包装配送、信息管理、物流总部、配套服务等功能
金堂物流中心	金堂县	位于龙泉山以东，金堂县淮口镇	面向川东、川北的区域分拨中心，支持“大智造”工业板块，为电子信息、生物医药、精密仪器及智能制造装备、节能环保、新材料、新能源汽车等制造业发展提供物流支撑，主要包括货运集散、中转分拨、仓储加工、包装配送、信息管理等功能
简阳物流中心	简阳市	位于龙泉山以东，简阳市西北部杨柳街道和石桥镇、养马镇、石盘镇	辐射成渝经济区和川南的区域分拨中心，支持“大车城”工业板块，为汽车（含新能源汽车）、精密器械及智能制造装备、航天等产业发展提供物流支撑。依托区位和交通优势，发展服务于工业和电子商务的集仓储、运输、交易、配送、结算、研发、信息等服务功能于一体的公路物流中心

“十三五”期间，在进一步完善口岸功能和发挥现有海关特殊监管区域作用的基础上，根据成都天府国际机场建设以及打通南向国际铁路货运通道需求，适时申报设立配套的口岸及海关特殊监管区域，构建“五口岸、两区域、若干场所”的“5+2+N”立体口岸空间规划布局体系，如图 8-9 所示。

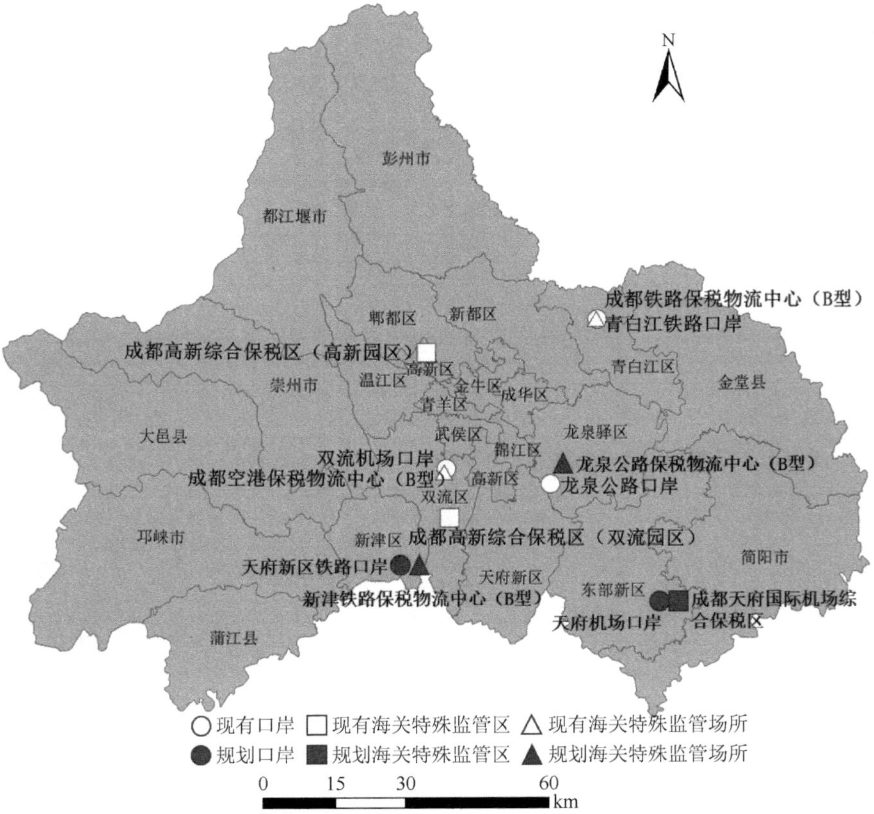

图 8-9　成都“十三五”时期立体口岸空间规划布局

（来源：《成都市物流发展规划研究报告》）

8.4　结论与讨论

通过对成都物流业规模与水平、发展定位变化，以及空间格局演化阶段的认识可以看出，成都规划建设的大中型物流节点空间区位呈现如下基本特征：

（1）需求导向特征，需求是物流节点布局的核心和关键，成都重大物流基础设施的布局均开展了严密的物流需求调查与预测。通过分析可以看出，高速交通出入口、工业集中发展区、专业市场、大型企业、连锁超市、交通枢纽场站等地区是物流需求的主要来源区域，也是成都物流节点布局的优先发展区域。

（2）交通导向特征，物流业发展离不开交通基础设施的支撑，特别是铁路货场、航空机场在成都物流规划过程中具有重要地位，成都建设的五大物流园区中，三个依托铁路货运场站设立，两个依托航空枢纽设立，这说明成都作为内陆地区，特别注重通过铁路、航空拓展地区间高效联系，成都中欧班列的快速发展以及天府国际机场的快速推进，均充分表明了成都对外交通发展的优先方向。

（3）战略导向特征，物流基础设施的布局还需要具备较强的前瞻性，成都集装箱物流园区、保税物流中心的设置为后期成都铁路口岸、成都铁路保税物流中心、中欧班列的开行，以及成都综合保税区的建设提供了重要的前期基础。“十三五”时期，成都布局的崇州、天府、简阳物流中心均体现出了一定的前瞻性。

（4）在物流空间布局过程中，邻近地区设置多个物流节点，其最终效果值得进一步研究。例如，青白江散货物流园区靠近集装箱物流园区，随着后期集装箱物流园区的发展，两者的边界将变得模糊，并逐步成长为西部国际铁路港。另外，靠近双流航空物流园区的双流物流中心，在“十三五”物流规划中也并未保留。同时，天府航空物流园区和简阳物流中心也存在类似的情况。

随着川藏铁路重大工程的建设，川藏铁路物流基地落户浦江，将凸显浦江县物流在成都乃至川藏地区的价值和作用，其作为物流中心乃至物流园区的地位将逐步确立。在新一轮物流空间规划过程中围绕天府新区及天府国际机场的国际高端物流体系建设需要在未来规划中深化。

参 考 文 献

陈仲维，2010. 成都建设西部物流中心展望与行动[J]. 中国物流与采购，22：24-26.

刘清泉，1985. 四川省经济地理[M]. 成都：四川科技出版社.

杨博维，杨继瑞，2012. 城市全域开放的思考与对策——以成都市为例[J]. 财经科学，296（11）：94-101.

张方风，刘军，2010. 在成都建设西部物流中心的系统思考[J]. 系统科学学报，18（2）：68-71.

第9章　物流空间行为与区位政策

不同类型的物流空间景观的形成是不同区位决策主体决策偏好的结果。认识决策主体的类型及特点，有助于理解其决策偏好，以及不同决策主体对城市物流空间形成的影响，从而有针对性地制定区位政策，实现区位调控精准可靠。

9.1　区位决策主体与决策偏好

在物流企业区位决策过程中，不同决策主体的差异性以及内在决策偏好在很大程度上影响其区位政策的方向。不同物流决策主体之间的业务模式、区位类型以及区位关注因素各有不同，共同形成主体差异性，进而产生不同的区位决策偏好，最终影响物流企业的空间行为与区位政策。要了解物流空间行为与区位政策，需要先明确不同决策主体各自的特点以及决策偏好。

9.1.1　决策主体

从物流企业和区位类型分类出发，根据服务类型和对象特点，可将物流企业决策主体归纳为基础型、科技型、物贸一体型以及末端型四种，从区位类型、区位因素和区位稳定性等方面，有助于认识不同决策主体区位政策差异。

1. 基础型物流企业

基础型物流企业是指提供以仓储、运输服务或物流地产租赁业务为主的物流企业，其服务对象以大型生产厂家为主且需求量较大，可同时为多家企业提供物流服务，具有较强的合作稳定性。此类企业的区位模式以大型仓库、场站为主，也包含其办公管理总部，具有较为典型的重资产特征，对公共物流设施的依赖程度较大。

在空间区位选择过程中，基础型物流企业更注重交通、土地与集聚因素。密集的交通网络与良好的外部交通环境有利于物流便利性的提高，是提升业务效率和降低运营成本的基础；此外，基础型物流企业对大型设施较为依赖，单一设施往往土地占用量较多，较低的土地价格是企业降低成本、提高收益的重要条件；最后，基础型物流企业间的空间集聚、基础型物流企业与大型生产厂商的集聚是获得规模经济效益以及稳定客户关系的重要因素。虽然基础型物流企业的区位稳定性较强，但随着规模化的发展，企业将出现网络化的区位特征，逐渐发展形成由城市近郊到远郊的协作性网络，并在单一或多个重要城市建设数量更多的物流设施。

2. 科技型物流企业

科技型物流企业是指在物流活动中注重借助大数据、云计算、物联网、自动化运行设备等，或者开发新技术、新设备，创新业务模式，通过信息互通与人机协同等形式提高物流系统的自动化与智能化程度，且研发投入和高技术人员占比达到一定程度的创新型企业。科技型物流企业的形成与发展是物流企业由劳动密集型向资本、技术密集型转变的关键，代表了未来物流业发展的重要方向。

科技型物流企业区位模式以研发总部、实验与测试场地以及生产车间为主，可以通过租赁或者自建等方式获得，呈现出一定的轻资产特征。在空间区位选择过程中，科技型物流企业通常较为关注区位的经济、信息、集聚与关系四个因素。其中，区位经济发展水平、信息获取成本以及同类型企业、目标需求企业的空间集聚是提高知识溢出效益，形成知识溢出效应的重要条件，而知识溢出效应的提升是提高企业创新能力、把握市场需求的重要因素。此外，政企关系也是科技型物流企业较为注重的因素，积极的政企关系能为企业提供良好的研发环境，营造良好的创新氛围，有利于企业把握市场需求。在区位稳定性方面，由于自身轻资产特征，此类企业具有较强的区位变动性，容易根据实际经营情况，动态调整区位布局地。

3. 物贸一体型物流企业

物贸一体型物流企业多以供应链管理或平台型企业的形式出现，主营业务多注重物流与商贸的有机结合，且企业规模普遍较大，经营网点多。相较于基础型物流企业，物贸一体型物流企业不仅提供物流过程中的相关服务（如仓储管理、运输、配送等），也提供相关货物的买卖、订单管理、进出口管理等服务。物贸一体型物流企业区位类型主要包含办公管理总部、大型厂房、仓库及交易场所等，具有较强的重资产特征。

在空间区位选择过程中，物贸一体型物流企业更关注交通、土地、关系以及信息四种因素。其中，完善的交通网络与基础设施是此类企业完成货物流通过程、提高物流效率的基础条件之一；此类企业对外部大型物流设施的依赖程度较高，设施占用土地面积较大，较低的土地价格、较大的土地开发空间是企业提高利润、获得持续发展的重要条件；此类企业既承担物流功能，也进行货物贸易，市场服务关系对其空间区位决策具有较大影响，是其开拓市场、获得稳定需求的重要保障因素。

由于物贸一体型物流企业兼具货物买、卖两种身份，市场供求、贸易等信息对其市场经营决策较为重要，相关信息的准确性、获取成本均显得尤为重要。在空间区位稳定性方面，此类企业固定资产较多，具有较强的区位稳定性；随着企业规模化的发展，此类企业存在多点发展、分散布局的趋势。

4. 末端型物流企业

末端型物流企业是指其服务对象主要为消费者，面向个人或末端网点提供物流快递、生鲜配送等服务的物流企业。相较于基础型物流企业，末端型物流企业具有需求零散、种类多样以及高时效性要求等特点。一般而言，快递企业、社区团购等都属于末端型物流企业范畴。

末端型物流企业区位类型以办公管理总部、快递末端网点、社区前置仓以及自提柜等形式出现，且多以租赁、加盟的形式获得，具有轻资产特征。在空间区位选择决策方面，此类企业较为关注集聚、经济以及交通三大要素。其中，区域人口集聚程度、经济水平均会对消费者末端需求产生正面影响，进而影响该区域内末端型物流企业的空间区位分布与网点设置。此外，良好的交通便利性是扩大此类企业空间服务范围、降低运营成本的重要条件。在空间稳定性方面，末端型物流企业具有轻资产特征，在空间区位分布上具有一定的多变性，会随需求趋势变化而不断变化；在规模化发展过程中，末端型物流企业将形成网络化的区位形态。

9.1.2 决策偏好

区位决策偏好是指不同决策主体在区位决策过程中，由各种内、外在因素所形成的对于某类具有相似条件区位的认同感以及偏好性，最终直接影响其区位空间行为。张文忠（2000）认为区位决策偏好来源于决策主体的认知与个人感情偏好，并在最终区位决策过程中起到较强的影响作用；张文忠等（2006）从消费者属性和商业环境双重视角构建计量经济模型，分析居民消费区位偏好和区位决策行为。研究表明：教育程度、职业类型、收入水平、交通出行方式和购物出发点等居民属性特征显著影响居民消费区位的偏好；居民对区位、商品价格、服务质量、休息场所、配套设施、停车场等商业环境满意度的评价水平明显影响着居民的消费区位决策。

区位决策偏好的形成既与决策主体区位类型、区位关注因素相关，也与决策主体的服务类型、发展规划以及决策人空间认知有关。基于不同物流企业决策主体的不同业务特点与发展目标，将区位决策偏好划分为信息偏好、土地偏好、消费偏好以及成本偏好，并对不同决策主体进行决策偏好分析。

1. 信息偏好

信息偏好是指决策主体在空间区位决策过程中，对信息获取成本、信息准确性与时效性具有特定的偏向性与喜好。一般而言，决策主体的业务要求对信息的依赖程度越高，区位的信息偏好越显著。

在不同类型物流企业的决策主体中，科技型物流企业与物贸一体型物流企业往往具有较强的信息偏好性。科技型物流企业将知识溢出效应作为企业科技创新能力的重要来源，而信息作为知识传播的载体是形成知识溢出效应的基础；信息传播的快速性、便捷性、准确性与低成本性对增强科技型物流企业的研发能力，缩短研发进程有重要影响。此类企业在降低信息获取成本的同时，通过提升信息获取质量，增强了知识溢出效应。物贸一体型物流企业的本质在于解决“物品从哪来”以及“物品需求方是谁”的问题。市场需求的快速变化、贸易流通渠道以及供需动态变化过程均对此类企业经营决策具有较强的影响，故物贸一体型物流企业在经营过程中需要大量准确和全面的市场供需信息，以掌握市场动态，快速调整经营策略。基础型物流企业以及末端型物流企业由于自身业务特点对信息的依赖程度较低，区位信息偏好性较弱。

2. 土地偏好

土地偏好是指决策主体在空间区位决策过程中，对土地价格低、可开发面积较大与开发环境较好的区域的偏向性与喜好。一般而言，决策主体对于土地的需求面积越大，越具有区位土地偏好性。

在不同类型物流企业的决策主体中，基础型物流企业与物贸一体型物流企业均具有较强的土地偏好性。由于这两类企业多为重资产型企业，其区位类型模式以大型厂房、高标准仓库、交易场所等为主，且与生产、交易设施联系比较紧密，土地需求面积较大，在区位决策过程中会优先考虑土地价格较低，且近远期可开发面积较大的区域。科技型物流企业与末端型物流企业多具有轻资产特征，且区位设施对土地的需求量较低，对土地价格不敏感，在区位决策过程中的土地偏好性较弱。

3. 消费偏好

消费偏好的本质是人口偏好，是指决策主体在空间区位决策过程中对区域内人口集聚程度、人口分布密度和消费能力等指标较为关注，从而形成对人口密集分布地区的区位偏好性。一般而言，提供劳动密集型服务或面向末端消费者的企业具有较强的消费偏好。

在不同物流企业类型的决策主体中，末端型物流企业通常具有较强的消费偏好。此类企业的服务对象多为末端消费者，区域内人口密度直接影响区域需求总量以及需求潜力。一般而言，人口密度越大的区域，消费需求越集中，所在区域虽然土地价格相对较高，但具有靠近消费者的优势，并且末端型物流企业占地面积小，因此此类企业对人口密度较大区域具有较强的布局依赖性。此外，由于基础型物流企业所提供的物流服务通常包含装卸、搬运等劳动密集型环节，对劳动力人口数量具有较大需求，在空间区位决策过程中具有趋向劳动力密集区域布局的区位特征。

4. 成本偏好

成本偏好是指决策主体在空间区位决策过程中，对企业运营成本以及劳动力成本、原材料成本等所需支出费用较少的区域的偏向性与喜好。一般而言，企业利润水平有限、市场需求较为稳定的企业具有较强的成本偏好性。

在不同物流企业类型的决策主体中，基础型物流企业往往具有较强的成本偏好性。此类企业业务相对单一，且市场价格较为稳定，企业收益水平普遍较低，因此对固定成本和变动成本均比较敏感。此外，由于市场供求关系相对稳定，各企业间形成了较为稳定的合作关系，需求进一步扩大的空间有限，所以此类企业往往将压缩运营成本作为提升企业收益水平的主要措施，进而形成其对运营成本以及固定开支较低区域的区位偏好性。其次，物贸一体型物流企业也具有一定的成本偏好性，但其可以通过利用市场供求变化方式或者开发新的业务来提升盈利能力，因此其成本偏好性与经营对象密切相关。科技型物流企业和末端型物流企业的业务模式与盈利方式决定了其对成本的敏感程度取决于公司的发展阶段，在进入稳定发展之前，其成本偏好性相对较低，进入稳定发展阶段后，就会对成本控制有更高的要求。

9.2 不同决策主体的城市空间行为

不同决策主体的区位特征、业务模式、盈利方式和发展阶段、服务对象等因素共同形成其区位偏好，而区位偏好将直接影响其空间行为，成为空间区位决策的外部表征。从城市空间视角来看，不同类型物流决策主体在城市空间会形成差异化的布局特征，如图 9-1 所示。

9.2.1 中心城区

在中心城区，末端型物流企业注重采取密集分布的方式，提高服务网点的分布密度，以服务范围的覆盖水平来满足物流服务的及时响应。一般而言，中心

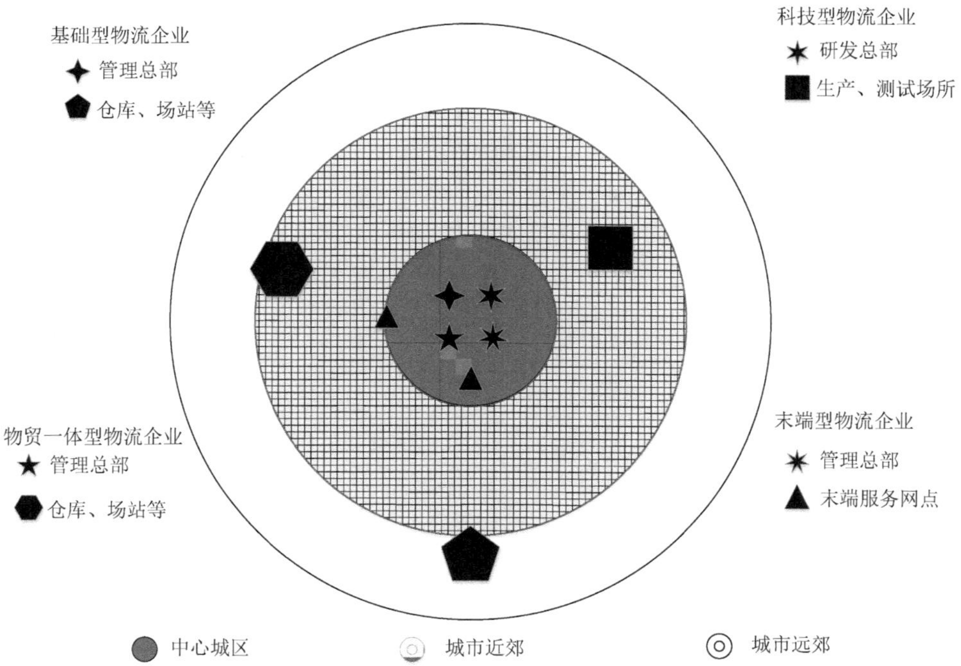

图 9-1　不同物流决策主体空间布局特征

城区的商业和居住设施密集，人口密度和消费水平高，形成了稳定的需求服务对象。城市配送和快递网点主要集中在中心城区。此外，密集的交通网络提高了末端型物流企业的空间便利性，有利于节约服务成本，提高服务质量（Xue et al.，2019）；其次，在中心城区密集分布网点，容易形成网络化的服务结构，有利于构筑企业品牌，形成竞争优势。以快递自取柜为例，其存在多个品牌均布局在同一小区的情况，一个小区设置多个快递网点也时常发生。此外，由于中心城区的信息获取成本较低，信息准确性和时效性较强，且具备良好的交通通达条件，末端型物流企业的管理总部也往往设置在此，以降低交流和沟通成本，吸纳高水平管理人才。

对于科技型物流企业，其研发总部也多位于中心城区，并易与其他科技型企业形成集聚区域，从而形成知识溢出效应，加速企业创新进程。中心城区的高水平人才资源和相关科技企业的集聚是扩大知识溢出效应的关键因素，也是准确获取市场需求信息、把握市场动态的最佳选址（Fallah et al.，2004；Aghion et al.，2015）；在知识溢出效应以及丰富的市场信息共同推动下，科技型物流企业可以快速获取人才、技术资源，提升创新能力，增强科技研发实力，也能及时针对市场需求进行改进，找到应用场景和投资方，获得更高市场收益（陈傲等，2011；施晓丽，2014；李婧等，2016；姚刚，2020）。

对于基础型物流企业以及物贸一体型物流企业，其物流设施通常选择从中心城区逐步迁出，转向城市近郊、远郊区域发展。由于这两类企业的土地需求较大，且依赖大型物流设施，土地投资强度和收益率均较低，中心城区物流仓储土地供应短缺，土地租赁费用高且交通拥堵程度加剧，加上政府鼓励大型物流设施外迁，建设专门的公共物流空间吸纳企业入驻，均加速了其郊区化进程。此外，中心城区日益严格的交通与环境政策也推动了上述企业的外迁（Yuan et al.，2019；Heitz，2021）。但由于中心城区的商业办公职能仍然保留，基础型物流企业以及物贸一体型物流企业视情况也会将管理总部分布于此，以降低信息获取成本，实现高效沟通。

9.2.2　城市近郊

在城市近郊区域，物贸一体型物流企业的物流设施容易密集分布，并建立较为完善的协同发展体系，以实现收益最大化。城市近郊通常具有较为完善的交通网络，且与城市中心区域的联系较为紧密，土地使用成本、劳动力成本等较低，有利于物贸一体型物流企业的物流设施利用完善的交通网络提供便捷的物流集散、暂存、加工等物流服务，且运营成本较低，有利于提高企业收益。此外，城市近郊通常布局有车站、机场以及港口等交通设施，企业可借此提升贸易和物流服务质量，降低贸易和物流运作成本。此外，城市近郊作为城市远郊区以及周边县区与中心城区的连接地带，对内服务中心城区，对外辐射远郊乃至更广泛区域，企业的仓库、场站以及交易场所等设施多分布于此，以最大限度地扩大企业服务范围，进一步挖掘市场需求和提升顾客满意度。

对于末端型物流企业，其在城市近郊的分布密度将逐步减小，并与中心城区形成较为显著的对比。城市近郊区人口分布密度较中心城区有所下降，且消费实力有限，因此快递配送服务的需求总量下降，且需求分布也较为分散，难以支撑高密度的末端设施布局。因此，近郊区域内的末端型物流企业服务网点分布较为分散，且密集程度逐渐降低，以节省运营成本；由于近郊的信息获取成本、信息准确性与时效性相较于中心城区较弱，所以企业管理总部设置在近郊区的概率降低。

对于科技型物流企业，其研发总部在城市近郊的分布密度将视企业规模而定，对于大型企业，研发总部设置可能受到中心城区土地价格的影响而逐步外迁，部分企业的研发总部往往与生产、测试场地集中布局。考虑到生产、测试场地的土地要求，近郊区是重要布局地。其主要原因是虽然相较于中心城区，近郊区的科技企业较少，难以形成科技研发集聚区域，但城市近郊土地成本较低，可开发面积较大，且与城市中心联系较为紧密，在此建立相关生产、测试场地可以有效降低企业的运营成本，提高企业利润，而且容易找到合适的配套服务企业。

对于基础型物流企业，相较于城市中心区域，其在城市近郊区域的分布密度将有一定程度的上升，但分布较为分散。虽然城市近郊区域内土地价格下降、土地供给量上升、交通条件较好，但相较于城市远郊区，企业相关运营成本依然较高，若在城市近郊密集分布，不利于企业运营成本控制。此外，近年来，随着城市工业集中化进程的加速，大型生产厂商多分布于城市远郊内的工业园区或经济开发区内，此类企业的主要服务对象为近远郊区域内的大型生产厂商，若在城市近郊密集分布，则不利于制造业与物流业的融合发展，容易增加物流服务成本，不利于建立稳固的合作关系；对于以商贸业为服务对象的基础型物流企业，部分大型设施或将在城市近郊零散分布，以满足大中型批发市场或者连锁超市等的物流需求。

9.2.3　城市远郊

在城市远郊区域，基础型物流企业易将大型物流设施，如大型仓库、货运场站等在该区域内布局，以形成城际间高效的物流运作体系。城市远郊的土地价格或租金更低，且土地可开发面积和发展空间更大，当地支持物流业发展的积极性更高，符合企业对于大型物流设施布局的要求，物流活动对城市的干扰更小，且对投资回报的要求不高，这将有利于企业降低前期投资成本，提高收益水平（Heitz，2021）。随着城市的大型生产企业集中进入工业园区发展，很多大城市的工业企业均分布于城市远郊区，基础型物流企业通过与工业园区融合发展，形成区位共用，有利于降低其服务成本，延伸产业链条，建立深入和稳定的合作关系。

对于物贸一体型物流企业，其物流基础设施存在城市远郊区域零散分布的可能性，但分布密集程度相较于城市近郊区域会显著下降。虽然城市远郊区域内的土地价格、土地供给量以及劳动力成本等方面优势较为明显，符合重资产型企业的建设目标，但部分城市远郊区域往往缺少机场、火车站、港口等重要交通设施，且与中心城区的距离过远，不利于企业贸易业务的开展，也不利于企业对市场信息的收集与判断；但部分区域内大型生产企业分布较为密集，需求总量相对集中，部分物贸一体型物流企业或将基础物流设施在此区域零散分布，以接近需求对象。

对于末端型物流企业，其服务网点或将在城市远郊区域稀疏分布，服务范围覆盖程度进一步降低，分布密度低。由于城市远郊人口密度极低，且分布较为零散，加之消费水平受限，区域内物流需求总量较少，需求分布更为分散，企业物流网点在此区域内稀疏布局，缩小服务范围，牺牲时效性，有助于企业提高资源利用效率。

对于科技型物流企业，研发总部在城市远郊区域分布的可能性降低，生产与测试场地视情况存在稀疏分布的特征。相较于中心城区和城市近郊，城市远郊区域人力资源获取难度大，且市场信息、科技信息的获取成本大幅提升，准确性与时效性大幅下降。若企业将研发总部布局于城市远郊，则难以形成知识溢出效应，也不利于企业科技水平和创新能力的提升。另外，由于与中心城区的距离过远，若密集布局生产与测试场地，则将增加企业生产协调成本与产品信息传输成本，不利于企业利润最大化。

9.3 城市物流区位政策目标与手段

区位理论的设立目标是从企业或产业的利益或效用出发，研究各种区位主体的最佳空间分布位置或空间分布体系，以达到利益、效用最大化的目标。各类物流企业在追求最佳经济利益或最佳空间区位分布位置的过程中，往往会存在一定的短视行为而导致决策失误，不利于城市整体物流区位效应的发挥。具体表现为：①不同类型物流企业各自的区位选择行为可能会导致物流区位过度集中于城市某些区域，造成该区域物流活动量快速增加，对区域内交通设施、土地资源以及公共服务设施等带来巨大压力。②物流企业和物流节点过于集中，也会造成区域之间经济发展的不平衡现象加剧，不利于地区物流一体化进程，增加物流成本，抑制其他地区产业结构优化升级。③物流企业在自发的区位选择过程中，也会导致物流区位布局过于分散，并导致土地集约利用程度不高、物流资源限制浪费等问题，不利于区域物流可持续发展。出现上述问题的本质原因是企业主体间的空间区位决策单纯地以企业经营活动或者经济效益为出发点，导致公共利益受损，难以实现整体效益最大化。因此，必须依靠有效的区位政策引导以及调控，减少各类型物流企业间单纯地以效益最大化为目标的区位选择行为，引导企业决策目标长期化，承担社会责任，从而实现区域物流高效、均衡以及可持续发展，以促进各区域之间的协调发展。

9.3.1 城市物流区位政策目标

城市物流区位政策的最终目标是通过合理的政策引导以及适当干预，避免物流企业间无序的区位决策，促进各区域之间的协调发展，实现城市利益与企业利益的平衡，实现二者行为的协同。具体而言，城市物流区位政策目标大致可分为三类：首先，缩小地区间经济的差距与不平衡。通过合理的区位政策引导，鼓励符合条件、具有经营网络优势的大型物流企业，特别是国有控股企业向经济欠发达地区，特别是交通体系有待完善的山区布局，充分发挥物流业对地区经济增长，以及巩固脱贫攻坚成果，支撑新兴产业发展的作用。其次，优化调整地区产业结构，提升产业链、供应链现代化水平。通过合理的政策引导与项目布局，可以有效减少物流企业在空间上的过度集中，避免某些地区产业结构固化。物流业是各种产业融合发展的黏合剂，物流企业与制造、商贸、农业的深度融合发展，有助于推动城市产业结构多样化和高级化，促进多产业协调发展，形成完善的产业链和供应链体系，降低供应链运行风险。最后，实现物流业降本增效，促进物流业可持续发展。物流企业间的无序区位决策通常伴随某些区域内的过度集中或者过度分散，乃至某些区域的开发空缺，上述情况往往导致物流集聚不经济或者难以发挥集聚效应，推高了物流企业经营成本，如车辆空驶、短倒运输、交通拥堵、环境污染等问题。要实现物流业降本增效，就需要合理的区位政策引导，找到物流区位集中与分散的平衡，实现物流与交通运输的融合发展，在人口、资源、环境约束下合理确定物流活动的承载区域。

在中心城区，由于末端型物流企业以及科技型物流企业的区位决策与空间行为多集中分布于此，基础型物流企业以及物贸一体型物流企业设施在此区域内区位布局较少。因此，区位政策的主要目标是推动末端型物流企业网点功能集成、降低服务网点数量，以及实现科技型物流企业集约化和集群化发展。首先，对末端型物流企业而言，应根据中心城区的人口密度、消费水平以及交通便利程度合理设置服务网点数量，减少充分布局和多量布局，鼓励不同类型末端型物流企业共同建设末端网点，实现网点功能多样化。其次，对科技型物流企业而言，其研发总部在中心城区密集分布的空间行为虽有利于企业间知识溢出效应最大化，但其区位布局往往具有随意性，集约化程度较低，导致土地使用效率较低。因此，急需在中心城区设置物流总部集聚区域，引导促进科技型物流企业的研发总部集约化发展，通过建立技术交流等方式缩短此类企业研发总部空间距离，提高创新转化效率。

在城市近郊区域，由于物贸一体型物流企业设施以及科技型物流企业的生产、测试场所区位决策与空间行为多集中分布于此，末端型物流企业设施以及科技型物流企业研发总部在此零散分布。因此，该区域物流区位政策目标应为实现物贸一体型物流企业以及科技型物流企业生产、测试场所区位合理分布，合理布局基础型物流企业区位。对于物贸一体型物流企业，将物流设施在城市近郊分布有利于缩短其与车站、港口、机场等重要交通设施的空间距离，也有利于其及时、准确地获取市场相关信息，但在企业自主区位选择与空间行为的过程中，往往会出现分散化布局模式，企业间缺乏统一的区位布局规划以及协同意识，容易造成土地利用效率降低、相同功能物流设施重复问题。与物贸一体型物流企业相似，科技型物流企业的生产与测试场所密集分布于此，以降低企业土地利用成本以及劳动力支出；但其空间区位分布过程同样容易出现过度分散的倾向，不利于规模经济效益和知识溢出效应的形成。城市近郊物流区位政策目标应为实现物贸一体型物流企业、科技型物流企业的物流设施空间集聚性分布，实现规模化经济效益，提升土地利用效率。

在城市远郊区域，由于基础型物流企业容易将物流设施分布于此，以承担大宗货物的物流服务，与大型生产企业形成工业和物流集聚区域；物贸一体型物流企业物流设施在此区域内零散分布，分布密度较城市近郊区域大大降低；末端型物流企业以及科技型物流企业在该区域内分布密度极低，部分区域甚至缺乏物流企业或物流设施布局。因此，城市远郊区物流区位政策目的应为促进基础型物流企业区位集聚，避免物流设施的过度分散化，实现物流设施与运输方式的有效衔接，降低物流运输过程中所产生的环境、噪声污染，实现物流产业绿色化发展。

9.3.2　城市物流区位政策手段

区位政策手段是指城市为达到既定政策目标，根据自然、经济和社会特征，为促进国土空间高效利用，采取一定的宏观和微观调控手段，以合理引导和约束企业空间区位布局，促进城市社会经济协调发展。针对当前城市物流区位布局存在的问题，可采取的城市物流区位政策手段主要包括布局大型公共物流园区、实施设施共享机制、充分利用地下物流空间以及促进轨道交通与物流融合发展。

1. 布局大型公共物流园区

公共物流设施是指纳入政府规划的物流枢纽、物流园区、物流中心等大型物流节点，以及共同配送中心、集货中心和货运场站等。通过布局大型公共物流园区，政府可以对区域内物流用地进行合理规划，对不同类型物流设施空间区位分布进行统筹安排，在降低物流用地面积、提升物流设施集聚程度的基础上，扩大物流企业规模效益，促进企业间相互合作，提升区域内物流业发展水平，避免物流设施过度分散问题。此外，政府通过产业规划等手段，可以将工业园区与物流园区相结合，将重要交通设施（如港口、车站等）与物流园区相结合，推动产业融合，缩短物流服务空间距离，以降低物流企业服务成本，也有利于物流企业与服务对象建立稳固合作关系。

中国大城市在公共物流设施规划过程中，均比较注重结合国家、区域重大发展战略以及区域协调，立足人口资源环境承载能力，发挥比较优势，促进各类要素合理流动和高效集聚，推动形成主体功能明显、优势互补的物流设施空间格局，但也存在大型公共物流设施规划数量过多、规模过大，甚至过度圈地和随意变更土地性质等问题。

2. 实施设施共享机制

共享发展已成为物流新模式和新业态的重要内容。近年来，政府也出台了相应的政策措施，支持物流设施共建、共享，以冷链为代表的重点物流领域正积极探索组建产业结盟，加强物流企业间资源交换，共建、共享物流基础设施。

通过推行物流网点设施共享机制，可以促进不同类型物流企业的业务合作，进而将大量具有相同服务功能的网点合并，去除功能重复性服务设施，在保证服务质量的前提下降低服务网点总量，以达到中心城区土地集约化发展目标。此外，政府可以合理规划服务网点空间区位分布范围，形成高效的城市内部末端物流网络化服务体系，进而有效提升物流服务网点服务效率，形成规模化效益，推动城市各区域内末端物流的协调发展。

3. 充分利用地下物流空间

对于绝大多数城市，土地资源紧缺已成为制约产业发展的重要因素，也是物流郊区化的重要约束。在城市地下空间开发过程中，将物流功能纳入，实现地下物流空间开发将成为解决城市物流问题的重要手段。

通过对物流用地进行立体化开发或者对已有地下设施再利用，可以有效增加物流用地供给，实现空间效用最大化。采取地下开发方式，物流企业可以有效降低对中心城区生产、生活的影响，促进物流活动再中心化，提升中心城区物流服务质量，提高物流自动化、智能化水平。

4. 促进轨道交通与物流融合发展

中国多数大城市城际铁路、城市轨道交通线网已初具规模，具备较强的服务能力和较大的服务范围，可实现对主要商业网点和居民集中区的覆盖，具备开展城市配送的线网与车站条件。可研究在城际铁路、城市地铁运行中加挂配送车厢或开行配送专列的可行性，充分利用轨道交通的闲置运力。政府鼓励轨道交通与物流融合发展，有利于充分利用其运输空间大、运输速度快、单位货运成本低的优势，以集约化的运输形式降低物流运输成本，减少运输过程中所产生的环境污染，实现物流业绿色化发展。

一般而言，不同城市物流区位政策目标和政策手段如图 9-2 所示。

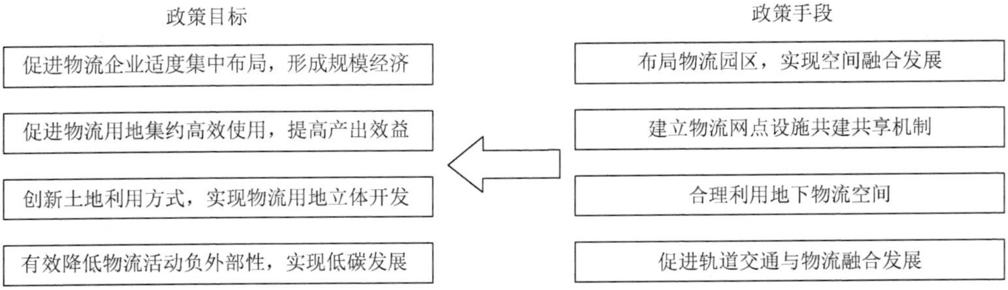

图 9-2 不同城市物流区位政策目标和政策手段

参 考 文 献

陈傲，柳卸林，程鹏，2011. 空间知识溢出影响因素的作用机制[J]. 科学学研究，29（6）：883-889.

李国旗，金凤君，陈娱，等，2017. 基于 POI 的北京物流业区位特征与分异机制[J]. 地理学报，72（6）：1091-1103.

李婧，何宜丽，2016. 基于空间相关的区域创新系统间知识溢出效应评价[J]. 科技管理研究，36（13）：58-66.

马耀文，余菲，2019. 科技型物流企业服务模式现状研究[J]. 物流工程与管理，41（5）：53-54.

施晓丽，2014. 基于空间计量模型的区域间知识溢出分析[J]. 经济经纬，31（6）：1-6.

姚刚，2020. 基于因子分析的物流科技企业成长性评价[J]. 物流科技，43（12）：18-21.

张文忠，2000. 经济区位论[M]. 北京：科学出版社.

张文忠，李业锦，2006. 北京城市居民消费区位偏好与决策行为分析——以西城区和海淀中心地区为例[J]. 地理学报，61（10）：1037-1045.

Aghion P，Jaravel X，2015. Knowledge spillovers，innovation and growth[J]. The Economic Journal，125（583）：533-573.

Fallah M H，Ibrahim S，2004. Knowledge spillover and innovation in technological clusters[C]. Proceedings，IAMOT 2004 Conference，Washington D.C.：1-16.

Heitz A，2021. The logistics dualization in question：Evidence from the Paris metropolitan area[J]. Cities，119：103407.

Xue S Y，Yang L，Liu L，et al，2019. Spatial pattern and influencing factor analysis of attended collection and delivery points in Changsha city，China[J]. Chinese Geographical Science，29（6）：1078-1094.

Yuan Q，Zhu J R，2019. Logistics sprawl in Chinese metropolises：Evidence from Wuhan[J]. Journal of Transport Geography，74：242-252.